RUND UM KIEL

Lieblingsplätze

plätze

RUND UM KIEL

KAREN LARK

Für Kalle

Autor und Verlag haben alle Informationen geprüft. Gleichwohl wissen wir, dass sich Gegebenheiten im Verlauf der Zeit ändern, daher erfolgen alle Angaben ohne Gewähr. Sollten Sie Feedback haben, bitte schreiben Sie uns! Über Ihre Rückmeldung zum Buch freuen sich Autor und Verlag: lieblingsplaetze@gmeiner-verlag.de

Sofern nicht im Folgenden gelistet, stammen alle Bilder von Karen Lark: Jacques Tarnero 10; Seehundstation Friedrichskoog 134; © Sina Ettmer – stock.adobe.com 188

QR-Code einscannen und kostenloses E-Book anfordern.

Besuchen Sie uns im Internet:
www.gmeiner-verlag.de

1. Auflage 2021
© 2021 – Gmeiner-Verlag GmbH
Im Ehnried 5, 88605 Meßkirch
Telefon 07575/2095-0
info@gmeiner-verlag.de
Alle Rechte vorbehalten

Lektorat/Redaktion: Ricarda Dück
Herstellung: Julia Franze
Umschlaggestaltung: Benjamin Arnold/Susanne Lutz
unter Verwendung der Illustrationen von © metelsky25 – stock.adobe.com;
© SG- design – stock.adobe.com; © GDJ – pixabay.com; © SimpLine – stock.adobe.com; © eyewave – stock.adobe.com; © actionplanet – stock.adobe.com;
© Instantly – stock.adobe.com; © LynxVector – stock.adobe.com; © Katrin Lahmer; © Benjamin Arnold
Kartendesign: © Maps4News.com/HERE
Druck: AZ Druck und Datentechnik GmbH, Kempten
Printed in Germany
ISBN 978-3-8392-2625-4

Nord-Ostsee-Kanal

1

**Museumsstellwerk
Rendsburg**
Am Bahnhof 22
24768 Rendsburg
04331 339215
www.museumsstellwerk-
rendsburg.de

Rendsburger Hochbrücke
Am Kreishafen
24768 Rendsburg

SCHALTEN UND WALTEN
Museumsstellwerk *Rn*

Wir betreten die Anlage des Museumsstellwerks in Rendsburg durch eine geöffnete Schranke. Sie wird manuell bedient und verfügt über ein Läutewerk. Ein Signal wird jedoch nicht mehr gegeben, denn der Schlagbaum bleibt heutzutage oben und lädt Besucher zu einer Zeitreise ein.

Die Bahnanlage – von deren Art ich früher während Zugfahrten noch einige gesehen habe, die inzwischen jedoch selten geworden sind – stammt aus dem Jahr 1910. Das pittoreske Bauwerk sollte abgerissen werden, nachdem moderne Technik es 1983 überflüssig gemacht hatte. Glücklicherweise kam der historisch interessierte Eisenbahner Siegfried Weichert auf die Idee eines Museumsstellwerks, und so konnte das Häuschen erhalten werden. Mit vielen anderen Eisenbahnern baute er eine Ausstellung auf, die über Spenden finanziert wird. Sie wuchs über die Jahre und erstreckt sich heute auf drei Geschosse.

Vom Arbeitsplatz des Wärters aus, einem Schreibtisch mit stilecht altem Telefon, hat man freie Sicht auf die Gleise. Stellwerke erhöhten einst die Sicherheit des Bahnbetriebs und sorgten für einen schnelleren Zug- und Rangierdienst. Sie wurden um 1900 entwickelt. Der Wärter konnte Weichen und Gleissperren, aber auch die Signale für die Lokführer zentral bedienen. Im Block- und Hebelwerk liegt Hebel neben Hebel – wie konnte der Diensthabende bei dieser großen Auswahl bloß wissen, welchen er für welchen Zweck bedienen musste? Aber Zauberei ist das natürlich nicht gewesen. Die Wärter waren für ihre verantwortungsvolle Arbeit bestens ausgebildet.

Wenn wir das nächste Mal mit der Bahn nach Rendsburg fahren, werden wir Ausschau nach dem kleinen Museumsgebäude halten. Und uns vorstellen, wie der Wärter darin schaltete und waltete, um die Züge sicher auf ihre Schienen zu lenken.

Eine Bahnfahrt von Kiel nach Rendsburg lohnt sich: Die Strecke führt über die Rendsburger Hochbrücke, ein einzigartiges Technikdenkmal, dessen Gesamtlänge siebeneinhalb Kilometer beträgt.

2

Ochsenweg
Startpunkt: Feldscheide
24817 Tetenhusen

VIEHTRIEB
Historischer Ochsenweg

Von der dänischen Grenze bis nach Hamburg durchquert man Schleswig-Holstein auf der Autobahn A7. Nicht einmal zwei Stunden dauert die Fahrt. Auch in vergangenen Zeiten existierte eine Nord-Süd-Verbindung – allerdings kam man damals deutlich langsamer voran. Von Jütland bis zur Elbe führte einst der Ochsenweg, der bereits in der Bronzezeit entstanden war.

Der Name der Route war früher Programm, denn etwa vom 16. bis ins frühe 19. Jahrhundert wurden tatsächlich Ochsen von Norden nach Süden auf dieser Fernstraße getrieben. Die Tiere wurden auf den dänischen Inseln und in Jütland gezüchtet. Verkauft wurden sie ins heutige Mittel- und Süddeutschland, doch dazu mussten sie erst einmal zu den Viehmärkten gebracht werden. Und so brachten die Händler zu besten Zeiten die ungeheure Anzahl von 30.000 bis 50.000 Ochsen nach Wedel an der Elbe – und da haben wir noch keine Ziege, kein Schaf und kein Schwein mitberücksichtigt! Auch wenn der Ochsenweg eine »bequeme« Fernstraße war, muss man sich den Marsch ziemlich beschwerlich vorstellen. Die Treene galt es zu überqueren, die Tiere mussten durch die Eiderniederung. Die Trasse lief zwar entlang des Geestrückens, einer sandigen und damit vergleichsweise trockenen Landschaft, aber je nach Wetter war der Grund auch hier oft schlammig. Als ein besonders schwieriges Teilstück, das noch erhalten ist, erwies sich der ausgedehnte Wald bei Kropp mit seinem tiefen Sandboden. »Du büs Kropper Busch noch ni vörbi«, sagt der Volksmund heute noch. Oder meint er damit, dass Wegelagerer an dieser Stelle den Viehhändlern oft auflauerten?

Schön, dass wir in unseren Zeiten weder Sand noch Räuber fürchten müssen, wenn wir durch Schleswig-Holstein fahren. Und dass wir schneller vorankommen. Wenn auf der A7 nicht gerade Stau ist.

Dem Ochsenweg folgt ein gut ausgebauter Radfernweg. Auf seinen 245 Kilometern passiert man neben wunderschöner Natur auch Städte wie Schleswig und Rendsburg und historische Bauten wie das Danewerk.

Bonbonkocherei
Hermann Hinrichs
Frau-Clara-Straße 22
24340 Eckernförde
04351 889986
www.bonbonkocherei.de

GEGOSSEN, GEWALZT, GENOSSEN
Bonbonkocherei Hermann Hinrichs

Damit Bonbons von beiden Seiten dieselbe Form haben, wird der Teig in langen Streifen zwischen zwei Walzen hindurchgezogen. Nun nur noch mit einer Schaufel die Bahnen zusammenschieben, und schon sind die süßen Stücke fertig. Die Walzen kommen dabei immer paarweise zum Einsatz. Bleibt nur die Frage: Warum haben bei dem einzigartigen Paar, das 48 verschiedene Muschelmotive presst, die beiden Teile unterschiedliche Farben?

Alle Leckereien, die in der Bonbonkocherei gefertigt werden, sind von Hand gemacht. Dass die Kunden nach ihrem Besuch in dem kleinen Laden wissen, wie das vonstattengeht, verdanken sie der transparenten Produktion. Hinter Glas demonstrieren die Zuckerkünstler die gesamte Herstellungskette vom Kochen der Zuckermasse über das Kneten und schließlich das Modellieren. Dass man dazu viel Fingerspitzengefühl braucht, das sieht jeder. Heraus kommen Kreationen in mehr als 100 verschiedenen Formen wie die Himbeeren, Muscheln und Sprotten. Sogar die Sorte *Frau Merkel* wird angeboten, erfunden anlässlich eines Besuchs der Kanzlerin. Ein Schelm, der beim Zitronengeschmack Böses denkt! Verkauft werden all die süßen Sachen nicht nur im Eckernförder Laden, sondern sogar im wahrsten Sinne des Wortes am anderen Ende der Welt: Auch Japaner und Australier können sich die Leckereien im Munde zergehen lassen.

Heute werden Bonbonwalzen nicht mehr hergestellt – die jüngste, die im Einsatz ist, ist über 40 Jahre alt! Mit dem Muschelmotiv gab es nur noch eine, da die Walzen aber nur paarweise funktionieren, war guter Rat teuer. Dass wir doch Muschelbonbons schlecken können, verdanken wir einem begeisterten Kunden, der mit viel außergewöhnlicher Kunstfertigkeit ein Duplikat herstellte. Solche Käufer muss man sich erst mal verdienen – Hermann Hinrichs hat dies mit Bravour getan.

Auch Schokomäuler kommen auf ihre Kosten. Gleich nebenan verkauft Hermann Hinrichs ebenfalls selbst hergestellte Pralinen, Trüffel und vieles mehr aus leckerer Schweizer Schokolade.

4

**Großsteingrab
Karlsminde**
Karlsminde
24369 Waabs

Steinkammer Poppostein
Über den Rastplatz
Sieverstedt an der L317
24885 Sieverstedt

RUHESTÄTTE DER RIESEN
Großsteingrab Karlsminde

Weithin sichtbar erstreckt sich das jungsteinzeitliche Grab in Karlsminde. Wie viele Langbetten ist es von stattlichen Bäumen bewachsen, die zwischen Wiesen und Weizen wie Wegweiser emporragen. Riesen, so glaubte man früher, seien in diesen Hünengräbern zur letzten Ruhe gebettet, denn nur diese hätten diese imposanten Bauten errichten können.

Stattliche 60 Meter misst das Grab. Es ist mit 108 Findlingen eingefasst. Viele von ihnen sind stolze zweieinhalb Meter hoch und wiegen bis zu zweieinhalb Tonnen. Sie belegen eindrucksvoll, warum diese Anlagen auch als Megalith-, also Großsteingräber bezeichnet werden. Nicht alle der Findlinge stammen aus der Nähe, sie mussten teilweise über weite Strecken transportiert werden. Wie die Menschen sie damals bewegten, lässt uns heute staunen. Dennoch waren Riesen dazu nicht nötig, auch wenn die Erbauer nur über einfache Mittel verfügten. Die Felsen wurden wohl auf hölzerne Schlitten geschoben und dann über quer liegende Baumstämme von Menschen oder Ochsen gezogen. Wenn am Ende ein Stamm frei wurde, trug man ihn nach vorne, sodass der Schlitten weiterrollen konnte. Um die Findlinge, die als Deckel für die einzelnen Grabkammern innerhalb des Langbetts dienten, an ihre endgültige Position zu befördern, wurden Rampen aus Erde aufgeschüttet, über die die Steine nach oben gezogen wurden.

Wie andere Gräber überdauerte auch das Langbett von Karlsminde die Zeit nicht unversehrt. Viele der Felsbrocken waren vom Erdboden überdeckt, einige völlig verschwunden, nur vier überhaupt noch zu sehen. Eine Müllkippe war am nordwestlichen Ende entstanden. In der Form, in der die Anlage sich uns heute präsentiert, existiert sie erst seit ihrer Restaurierung zwischen 1976 und 1978. Nun leuchten die Steine weithin in der Sonne und weisen dem Wanderer den Weg zu diesem Denkmal der Vorzeit.

Eine andere Grabform aus der Jungsteinzeit ist das Hünengrab. Ein gutes Beispiel dafür ist der imposante Poppostein.

5

Gut Ludwigsburg
Ludwigsburg 1
24369 Waabs
04358 98818
www.gut-ludwigsburg.de

ADELSLUFT SCHNUPPERN
Gut Ludwigsburg mit Hofcafé

Aus erster Hand weiß meine Schwiegermutter von der schweren Arbeit, die früher auf einem großen Gehöft das tägliche Brot darstellte, waren doch ihre Eltern auf Gut Ludwigsburg angestellt gewesen: ihr Vater als Schmied und ihre Mutter als Stubenmädchen. Der Haushalt mit der Familie und den vielen Bediensteten musste versorgt und der bäuerliche Betrieb mit dem Vieh und der Feldwirtschaft unterhalten werden. Meine Schwiegermutter hat mich neugierig gemacht. Nun will ich mir die Stätte, an der ihre Eltern sich vor so langer Zeit kennengelernt haben, mit eigenen Augen ansehen.

Einladend begrüßt mich das alte Torhaus, das im 16. Jahrhundert entstand. Durch seinen Bogen gelange ich auf einen weiträumigen Wirtschaftshof, in dessen Mitte auf einem abgegrenzten Paddock Pferde laufen. Zur Rechten liegen Wirtschaftsgebäude, genauso hübsch anzusehen, wie sie nützlich sind. Ich wende mich nun nach links, denn da steht es, das beeindruckende Herrenhaus. Aus einem doppelten Wassergraben erhebt es sich. Drei Reihen mit je neun Fenstern und darüber ein gewaltiges Dach lassen die Dimensionen im Innern erahnen: Mehr als 20 Zimmer soll es im Haus geben. Haus – was sage ich, ich finde, es hätte die Bezeichnung »Schloss« mehr als verdient!

Doch nicht nur für das von der Architektur begeisterte Auge hat das Gut etwas zu bieten. Im Hofcafé *Alte Räucherei* genießen wir äußerst schmackhaften Kuchen, bevor wir uns im Hofladen mit Leckereien aus gutseigener Herstellung eindecken.

Auch heute sieht der Erhalt eines solchen Gutes – für den Besucher vielleicht erst auf den zweiten Blick – nach viel Arbeit und Einsatz aus und nach der Notwendigkeit, mit Begeisterung ans Werk zu gehen. Wie schön, dass die Familie Carl das alles auf sich nimmt und dieses Schmuckstück erhält – und Besuchern zugänglich macht!

Mit Führungen kann man unter anderem die berühmte Bunte Kammer besichtigen, die 175 Miniaturmalereien an ihren getäfelten Wänden schmücken.

6

St.-Johannis-Armenstift
St.-Johannis-Stift
24351 Damp

Restaurant Kuhhaus
Gut Damp
24351 Damp
04352 9549036
www.gut-damp.de

VON WOHLSTAND UND WOHLWOLLEN

St.-Johannis-Armenstift

Die Mauern der kleinen Häuserzeile zwischen dem Dörfchen Vogel-sang-Grünholz und Gut Damp leuchten fröhlich gelb in der Sonne. Mit ihrem Fachwerk, den dunklen Reet- und den roten Schieferdä-chern bieten die niedrigen Katen einen pittoresken Anblick. Zu dem Ensemble gehört eine kleine Kapelle, über die sich ein frei stehender Glockenstuhl erhebt, gekrönt von einer klassischen Wetterfahne in Form einer Hahnenfigur.

Die Bauten bilden das St.-Johannis-Armenstift, das zum Gut Damp aus dem 15. Jahrhundert gehört. Auf zwei Inseln stehen das Herrenhaus, das Ende des 16. Jahrhunderts errichtet wurde, und die Wirtschaftsgebäude, reetgedeckte Fachwerkscheunen. Die wunder-schöne Fassade des Gutshauses birgt neben den Wohnräumen kostbar eingerichtete Prunkgemächer. Eine Orgel von 1699 in der Festhalle mit umlaufender Galerie ist schon etwas Außergewöhnliches. Auch das Torhaus zeugt vom Wohlstand der Familien, in deren Besitz sich das Anwesen im Laufe der Zeiten befunden hat.

Zu diesem trugen viele Menschen bei, die auf dem Hof, im Stall und auf den Feldern hart arbeiteten. Die Verbundenheit des Landadels mit seinem Gesinde und den Angestellten zeigt sich auf Gut Damp in der kleinen Häuserzeile des St.-Johannis-Stifts. Im Jahre 1742 ließen die damaligen Herren, die Familie von Ahlefeldt, die Kapelle und die Katen errichten. In den kleinen Bauten kamen Gutsangehörige unter, die alt geworden waren oder nicht mehr ihrer Tätigkeit nachgehen konnten.

Malerisch präsentiert sich das Stift heute. Von einer edlen Ein-stellung zeugt es. Und von hoher Achtung vor anderen Menschen, die es nicht so gut getroffen haben, die aber dem Wohl der Familie ein Leben lang gedient haben.

Auf Gut Damp serviert man im Restaurant *Kuhhaus*, das in einer reetgedeckten Fachwerkscheune untergebracht ist, Fisch aus der Schlei oder Wild aus der Gegend.

7

Erkundung von Sieseby
Rund um die Hauptstraße
(Dorfstraße)
24351 Thumby
www.ostseefjordschlei.de

Börentwedt
24351 Thumby

SCHMUCKSTÜCK AN DER SCHLEI
Erkundung des Dorfes

Ein bisschen versteckt liege ich am Südufer der Schlei. An meinem Dorfeingang, wo mein Parkplatz die fahrbaren Untersätze meiner Gäste aufnimmt, kann man noch nichts von meiner Schönheit erahnen. Wenn die Touristen aber meine Hauptstraße entlangschlendern, sind sie alle verzückt ob der malerischen Reetdachhäuschen, die ich zu bieten habe.

Ich bin ein betagtes Dorf, blicke bereits auf mein 750. Jubiläum zurück. Meine Kirche, die aus Feldsteinen errichtet worden ist, stammt aus dem 12. Jahrhundert, und als Weiler wurde ich schon 1267 »amtlich«, nämlich urkundlich erwähnt. Im 19. Jahrhundert gehörte ich einem Hamburger Kaufmann. Gustav Anton Schäffer hieß der gute Mann. Noch heute erinnere ich Besucher an ihn, habe ich doch einige meiner Häuser mit seinen Initialen verziert, mit den schmiedeeisernen Buchstaben »G.A.S.«. Wie jedoch ein Händler es zu tun pflegt, verkaufte mich Gustav Anton. So kam ich in den Besitz der hochwohlgeborenen Familie zu Schleswig-Holstein-Sonderburg-Glücksburg, in deren Besitz ich mich heute noch größtenteils befinde.

Betagt bin ich wohl, jedoch keineswegs alt geworden. Nicht nur meine hübschen Häuschen mit dem Reetdach und Fachwerk sind herausgeputzt. Auch meine schöne Kirche liegt pittoresk auf einem kleinen Hügel, und mein Friedhof mutet romantisch an mit seinem alten Baumbestand, der die Gräber überschattet, und kann sich einer eindrucksvollen Lindenallee rühmen. In einem eleganten Bogen erstreckt sie sich über stolze 300 Meter. Da verwundert es nicht, dass ich im Jahr 2000 zum ersten Flächendenkmal in Schleswig-Holstein gekürt wurde. Man stelle sich das nur vor: Nun spiele ich mit dem hübschen Quedlinburg und sogar mit dem Hadrianswall in Großbritannien in einer Liga! Verstecken muss ich mich also wirklich nicht!

Wer sich an malerischen Reetdachhäusern noch nicht satt gesehen hat, findet im nahe gelegenen Börentwedt noch weitere Augenweiden.

RÄUCHERFIS... ← 1,5 km

8

Schleibrücke Lindaunis
Lindaunisbrücke
24392 Boren

Café Lindauhof
Landarzthaus
Lindauhof 4
24392 Boren
04641 3710
www.lindauhof.de

AUF SCHIENEN ÜBER DIE SCHLEI
Lindaunisbrücke

Die Ampel springt auf Rot, und Autos ebenso wie Radfahrer und Fußgänger halten an. Nun heißt es warten, bis der Gegenverkehr auf der Spur vorübergezogen ist. Ein alltägliches Ereignis an vielen Straßen der Welt. Doch wir stehen nicht etwa vor einer Baustelle mit verengter Fahrbahn. Die Entgegenkommenden können neben den üblichen Straßenbenutzern auf Rädern oder Schusters Rappen auch aus der Regionalbahn zwischen Kiel und Flensburg sein. Wir warten nämlich darauf, dass grünes Licht uns den Weg auf die Schleibrücke Lindaunis freigibt.

Die Klappbrücke spannt sich über die 42 Kilometer lange Förde, die Schwansen im Süden und Angeln im Norden voneinander trennt. Seit 1927 ersetzt sie den alten drehbaren Übergang, dessen Durchfahrt für die Schiffe zu eng geworden war. Der Klappmechanismus funktioniert ohne Seile beziehungsweise Ketten, die die Brücke hochziehen. Vielmehr ist hinter der Drehachse ein Gewicht angebracht. Dieses wird zum Öffnen verlagert. Durch die Hebelwirkung muss weniger Energie aufgebracht werden, und der Vorgang geht schneller vonstatten als beim Zugmechanismus.

Die Lindaunisbrücke ist aber nicht nur wegen der gemeinsamen Nutzung durch Straßen- und Schienenverkehr bekannt. Berühmtheit erlangte sie durch die Fernsehserie *Der Landarzt*. Und im dritten Werner-Film *Volles Rooäää!!!* spielte sie ebenfalls eine Rolle. Auch im wirklichen Leben kommt die Bahn einmal pro Stunde und stoppt den Straßenverkehr für ein paar Minuten. Und immer um Viertel vor der vollen Stunde sind die Schiffe an der Reihe. Dazu wird der nördliche Teil des Übergangs samt Straße und Schienen hochgeklappt.

Grün! Wir können auf die Brücke. Ein bisschen mulmig wird uns schon, da wir nun auf den Gleisen zwischen dem Stahlfachwerk fahren. Aber wir kommen sicher ans andere Ufer und passieren die Ampel, die jetzt den Gegenverkehr warten lässt.

Auch im Café Lindauhof nahe der Brücke kann man auf den Spuren der Fernsehserie *Der Landarzt* wandern – das Haus fungierte als Domizil des Arztes.

9

Schloss Carlsburg
Karlsburg
24398 Winnemark

Fähranleger Sundsacker
Sundsacker
24398 Winnemark

AUF DEN BUSCH GEKLOPFT
Schloss Carlsburg

Vornehmlich im Osten Schleswig-Holsteins wimmelt es von schönen Gutshöfen und prächtigen Herrenhäusern. Längst nicht alle sind weithin bekannt. Häufig steht ein Torhaus demonstrativ an der Straße, aber oft liegen die Güter versteckt. Im wahrsten Sinne des Wortes muss man manchmal hinter den nächsten Busch gucken, um eine dieser Schönheiten zu entdecken.

So erging es uns, als wir eines Tages von Winnemark in Richtung Karby fuhren. Kurz hinter dem Abzweiger zum Fähranleger Sundsacker wies ein Schild den Weg zum Dörfchen Karlsburg. Nichts Besonderes, hätte nicht eine ominöse Ansammlung von Bäumen im Hintergrund meine Aufmerksamkeit erregt. Aus den Augenwinkeln sah sie verdächtig nach einer Allee aus. Tatsächlich waren wir auf eines dieser verborgenen Kleinode gestoßen, an denen man oft ahnungslos vorbeifährt: Am Ende der Allee stand das Schloss Carlsburg aus dem frühen 18. Jahrhundert. Seit 1826 trägt es seinen heutigen Namen, genannt nach Prinz Carl von Hessen-Kassel, der das Gut 1785 erwarb.

Wie die meisten Herrenhäuser ist es der Öffentlichkeit nicht zugänglich. Das ist schade, aber wir können es verstehen. Wer möchte schon, dass alle naselang Leute auf dem eigenen Rasen herumstiefeln, die womöglich noch durch die Fenster gucken oder sich auf die Terrasse setzen. Umso schöner ist es für uns, wenn wir einen der hübschen Bauten von außen betrachten können, ohne die Privatsphäre der Bewohner zu verletzen.

Schloss Carlsburg bietet die Gelegenheit dafür. Von der Straße aus können wir den Anblick des Prachtbaus genießen, ohne jemanden zu stören. Allerhöchstens steht unser Auto nicht weit genug am Rand, wenn ein landwirtschaftliches Großgerät Vorbeifahrt verlangt. Dem wird schnell abgeholfen, und nun haben wir Muße, uns an dem hübschen Schlösschen sattzusehen.

Vom Fähranleger Sundsacker in etwa einem Kilometer Entfernung hat man einen Blick auf Deutschlands kleinste Stadt Arnis. Die Fähre setzt Radfahrer, Fußgänger und Autos über die Schlei.

10

**Angelner Dampfeisen-
bahn**
Von Kappeln nach Süder-
brarup
Bahnhofsweg 9
24376 Kappeln
04642 9251653
www.angelner-dampf-
eisenbahn.de

Holländerhof Bartel
Hinnerksens Hof
Holländerhof
24392 Wagersrott
04641 2292

ZUCKERSUSI ZIEHT
Angelner Dampfeisenbahn

Darf ich mich vorstellen? »Zuckersusi« werde ich genannt, und ich bin auf dem besten Weg, eine alte Dame zu werden. Im Jahr 1959 wurde ich geboren – Verzeihung, fertiggestellt, sollte ich korrekterweise sagen. Ein Leichtgewicht bin ich nicht, ich bringe stolze 30 Tonnen auf die Waage. Aber das muss man schon, denn eine Lokomotive soll ja was bewegen!

Und genau das mache ich auch heute noch. Ich gehöre mit anderen Loks zur Angelner Dampfeisenbahn, und meine Arbeit besteht darin, die Museumswagen durch die schöne Landschaft Angelns zu ziehen. Durch Felder führt meine Strecke, durch Wiesen, vorbei an kleinen Wäldern, immer den Schienen abseits der Straßen nach. Unser Startbahnhof ist Kappeln. Direkt an der Schlei lassen wir die Fahrgäste einsteigen. Sie nehmen Platz in einem der historischen Waggons und genießen eine gemächliche Reise, bei der man genüsslich die Umgebung betrachten kann, ohne dass einem wegen hoher Geschwindigkeit etwas entgeht.

Unmittelbar bevor die Passagiere schließlich in Süderbrarup aussteigen, wird gestoppt: Die Weichen müssen von Hand umgestellt werden. Dann rolle ich in den Bahnhof ein und darf an einem echten Gleis der Deutschen Bahn halten. Das Stationsgebäude aus dem Jahr 1904 ist selbst eine Sehenswürdigkeit; liebevoll wurde es restauriert. Nach einem Aufenthalt von einer Stunde, währenddessen man Süderbrarup mit dem sagenumwobenen Thorsberger Moor erkunden kann, tuckere ich schließlich zurück nach Kappeln.

Ich bewege und die Fahrgäste sind bewegt von Natur und nostalgischem Erlebnis gleichermaßen. Natürlich sind meine Kolleginnen, die mit Dampf betriebenen Loks, die beliebtere Attraktion. Ich als Diesellok bin weniger hübsch und längst nicht so spektakulär. Meine Arbeit mache ich jedoch genauso gern – vielleicht fahren Sie ja auch einmal mit?

In Wagersrott steht gleich neben dem Bahnhof ein historischer Holländerhof, das Dorfmuseum. In der Fernsehserie *Der Landarzt* bildete er die Kulisse für das Heim des Kräuterdoktors Hinnerksen.

11

Heringszaun in der Schlei
Nördlich der Schleibrücke
Kappeln
Eckernförder Straße
24376 Kappeln

Kappelner Heringstage
Wirtschaft und Touristik
Kappeln GmbH
Nordstraße 1
24376 Kappeln
0 46 42 92 16 27
www.wtk-kappeln.de
www.heringstage-
kappeln.de

DIE JAGD NACH SILBERLINGEN
Heringszaun in der Schlei

Bei einem Besuch in Kappeln passieren wir zu Fuß die Schleibrücke und gönnen uns einen Blick von der kleinen Aussichtsplattform in Richtung Norden. Da sehen wir aus der Förde Pfähle ragen, die im Groben ein »W« ins Wasser malen. Das hat wohl mit Fischerei zu tun, denken wir uns.

Und ob es damit zu tun hat! Die Pfahlbauten, auf die wir schauen, bilden den Kappelner Heringszaun. Mit ihm werden Heringe gefangen, die zum Laichen in die Schlei kommen: »Silberlinge«, wie die Fische wegen ihrer im Wasser glänzenden Flanken genannt werden. Zur Mündung hin öffnet sich die Anlage trichterförmig. Die Fische schwimmen hinein und folgen den zunehmend enger stehenden Zäunen bis zum schmalen Ende, wo sie in Fangnetze geraten, aus denen sie nicht mehr entkommen. Seit dem 15. Jahrhundert existiert der Zaun an dieser Stelle. Früher gab es in der Schlei fast 40 solcher Bauten, jetzt ist das Kappelner Exemplar das letzte erhaltene seiner Art, und zwar nicht nur in Schleswig-Holstein, sondern in ganz Deutschland und sogar Europa.

In den 1970er-Jahren übergab Herzog Peter zu Schleswig-Holstein die Eigentumsrechte am Heringszaun an die Stadt Kappeln. Er wurde unter Denkmalschutz gestellt und das Material einer Erneuerung unterzogen. Dazu wurden 2.000 Pfähle bis zu viereinhalb Meter in den Schleigrund gerammt und anschließend das Flechtwerk zwischen ihnen angebracht. In jedem Jahr muss die Anlage ausgebessert werden, weil Strömung und Eis sie beschädigen. Im Januar 2017 wurde sie von Sturmtief Axel schwer in Mitleidenschaft gezogen.

Von der Brücke aus betrachtet, mag der historisch bedeutende Heringszaun unscheinbar anmuten. Doch wenn man um seine Einzigartigkeit weiß, dann wirkt das »W« wie ein Wahrzeichen Kappelns.

Jedes Jahr am Himmelfahrtswochenende veranstaltet die Stadt die Heringstage. Neben vielen Veranstaltungen wird auch das Heringskönigspaar gekrönt.

12

Schleibrücke Kappeln
Eckernförder Straße
(Ende)
24376 Kappeln

MS Stadt Kappeln
Anlegestelle: Am Hafen
24376 Kappeln
04642 6184
Bordtelefon: 0172 4502796
www.schlei-
ausflugsfahrten.de

KLIPPKLAPP, KLIPPKLAPP
Schleibrücke Kappeln

Immer um Viertel vor der vollen Stunde öffne ich mich, um die wartenden Wasserfahrzeuge durchzulassen. In Kappeln ermögliche ich die friedliche Ko-Existenz von Schiffs- und Straßenverkehr. Ich, die Schleibrücke in Kappeln, bin die dritte meiner Art.

Zuerst arbeitete an meiner statt eine Pontonüberquerung. Sie war nicht einmal stabil genug, damit der Zug sie mit Lokomotive und einem Wagen gleichzeitig passieren konnte. Man stelle sich das nur vor, die Lok musste abgekoppelt werden, und Pferde erledigten ihre Arbeit. Die Querung kostete damals noch etwas, und der alte Steg wurde immer wieder durch Eis oder ungeschickte Kapitäne beschädigt. 1927 reichte den Menschen dieser Zustand, und meine direkte Vorgängerin wurde errichtet, eine Drehbrücke. Ich könnte mich ja in ihre Art verlieben, so elegant, wie sie sich öffnet. Die Dame war zudem deutlich tragfähiger als das Pontongebilde. Zwei Züge zugleich samt Lok und Waggons konnten sie befahren.

Ich wurde schließlich 2002 erbaut, weil auch diese Konstruktion dem Verkehr nicht mehr gerecht wurde. Mit der Eisenbahn muss ich mich allerdings nicht mehr abgeben, die übernimmt meine Schwester weiter im Westen in Lindaunis. Grotesk ist, dass man an meiner Stelle erst über einen Tunnel nachdachte. Wie hätte Kappeln ohne Brücke ausgesehen! Zum Glück war diese Variante zu teuer. Auch eine Hochkonstruktion kam nicht infrage, denn dafür hätte man eine viel längere Auffahrt anlegen müssen und ein Zugang von so weit oben direkt in die Stadt wäre unmöglich gewesen.

Als Lösung wurde ich ersonnen, eine zweiflügelige Doppelklappbrücke mit vier Spuren, über die der Verkehr – der sich jedes Mal staut, wenn ich geöffnet werde – schnell abfließen kann. Im Sommer beginnt meine Schicht früher als in den Wintermonaten und dauert länger. Dann geht es »klipp« – auf – und nach 15 Minuten »klapp« – wieder zu.

Vom Wasser aus kann man mich bei einer Fahrt nach Schleswig mit dem Ausflugsschiff *MS Stadt Kappeln* erleben.

13

Geltinger Birk
Goldhöftberg
24395 Nieby
www.geltinger-birk.de

Anmeldung
Wildpferdführungen
(Juli–Oktober)
Touristikverein Ferienland
Ostsee
Nordstraße 1a
24395 Gelting
04643 777
www.tinyurl.com/koniks

AUF DEM PFAD DER PFERDE
Naturschutzgebiet Geltinger Birk

Einen wunderschönen Tag im Spätsommer haben wir uns ausgesucht, um einen besonderen Ausflug zu unternehmen: zu den Wildpferden Schleswig-Holsteins. Im Nordosten des Landes auf einer Halbinsel in der Ostsee sind Koniks, eine Rasse aus Polen, 2002 ausgewildert worden.

Sie leben auf der Geltinger Birk, dem größten Naturschutzgebiet des Bundeslandes. Seit 1986 wird eine kontrollierte Wiedervernässung betrieben, um die über 700 Hektar große Halbinsel von intensiver Bewirtschaftung zu einer naturnahen Landschaft zurückzuführen. Von dem einstmals prächtigen Gehöft, auf dem intensiv Landwirtschaft betrieben wurde, sind nur noch wenige Gebäude erhalten, an denen der Zahn der Zeit bereits kräftig genagt hat. Das Trafohäuschen, das den Bauernhof mit Strom versorgte, ist zur Heimat von Fledermäusen und Schleiereulen geworden. Viele andere Vögel, aber auch Insekten und Amphibien haben ebenfalls auf der Birk ein Zuhause gefunden. Kormorane, Säbelschnäbler und Löffelenten brüten an den wieder entstandenen Nooren und Salzwiesen. Rotbauchunke, Laubfrosch und Kreuzkröte wurden angesiedelt. Um den Lebensraum zu erhalten, den sie benötigen, beweiden die Wildpferde zusammen mit Galloway-Rindern die Halbinsel. Sie verhindern, dass Gebüsch und Wald sich ausbreiten, und sorgen dadurch für eine abwechslungsreiche Naturlandschaft. Besucher sind willkommen auf den weitläufigen Wanderwegen, um die Flora und Fauna in aller Ruhe zu genießen. So wie wir das an diesem schönen Tag tun.

Einen Blick auf die Koniks haben wir auf unserem Spaziergang dann doch nicht erhaschen können. Als erfolglos sehen wir unseren Ausflug auf der Birk trotzdem nicht an. Die badenden Rinder, die unzähligen Vögel, die Libellen und die Kröten, die wir beobachten konnten, sind nicht nur ein Trost. Sie zu sehen hat sich mindestens genauso gelohnt!

Erfolgreicher bei der Suche nach den Koniks waren wir auf einer der Wildpferdführungen, die vom *Förderverein der Integrierten Station Geltinger Birk* (ISGB) organisiert werden.

14

Guly Thing
Thingplatz Gulde
Kirchenweg
24409 Stoltebüll
04642 2949
www.guly-thing.de

DAS DING MIT DEM THING

Historischer Versammlungsplatz *Guly Thing*

Wo sich die Schulstraße von Süden aus Oersberg und der Kirchenweg von Norden aus Gulde treffen, liegt ein bemerkenswerter Ort.
Durch die bewaldete Endmoränenschlucht der Splintbroau erklim-
men wir den Arltberg, den »Adlerberg«. Oben befindet sich ein
prähistorischer Urnenfriedhof. Wir sind jedoch nicht deshalb her-
gekommen, denn von den Gräbern sieht man nichts mehr. Herge-
lockt hat uns vielmehr das *Guly Thing*, ein germanischer Thingplatz,
der nach alten Schriften und Zeichnungen rekonstruiert und von der
Gemeinde Stoltebüll auf dem Arltberg wieder errichtet wurde.

Auf einem Thingplatz hielten in frühen Zeiten Sippen und
Stämme regelmäßig ihre Versammlungen ab. Ein Thing diente der
Regelung der Angelegenheiten des Dorfes, aber auch der Recht-
sprechung. Zwölf gewählte Geschworene berieten sich unter dem
Vorsitz des Sippenältesten. Dazu nahmen sie in einer Einfriedung
aus Steinen oder Pfählen Platz. An solchen Orten herrschte der
»Thing-Friede«, es durfte nicht mit Waffen, nur mit Worten ge-
fochten werden. Alle wehrfähigen Männer des Dorfes wohnten im
Stehen der Versammlung bei. Thingplätze befanden sich an augen-
fälligen Standorten, oft auf Anhöhen wie dem Arltberg oder unter
einem Baum, woran noch die vielen bekannten Gerichtslinden in
Deutschland erinnern.

Beim Abstieg entlang der Splintbroau denken wir über den
Wortschatz nach, der sich im Deutschen aus der alten Zeit erhalten hat. »Thing« entspricht unserem »Ding« im Sinne von »Sache«,
»Gerichtssache«. Daraus leiten sich zahlreiche Begriffe ab, wie uns
erst jetzt bewusst wird. So macht man einen Täter dingfest. Unter
bestimmten Bedingungen kann etwas unabdingbar sein oder jemand
verdingt sich zu einer Aufgabe. Erstaunlich, dass wir bei derart vielen banal erscheinenden Dingen eigentlich Juristendeutsch sprechen!

Kurz unterhalb der Anhöhe am Ufer der Splintbroau liegt ein Grill-
platz, der zu einem Picknick mit Barbecue einlädt. Eine Schutz-
hütte mit Tischen und Bänken befindet sich in der Nähe.

15

Os bei Süderbrarup
Über Heidbergweg
Nördlich der Eisenbahn-
strecke
24392 Süderbrarup

Thorsberger Moor
Am Thorsberg
24392 Süderbrarup

LANDMARKE AUS DER EISZEIT
Naturschutzgebiet Os

Relikte der Eiszeit sind in Schleswig-Holstein allgegenwärtig wie die Seenplatte der Holsteinischen Schweiz und die Endmoränenwälle an der Kieler oder der Flensburger Förde. Eine besondere Form finden wir im Süden von Angeln: einen lang gestreckten Wallberg.

Während der Eiszeit wurde das Gebiet von einem 500 Meter dicken Gletscher bedeckt. Am Fuß des Eispanzers floss im Sommer Schmelzwasser durch mehrere Tunnel. Es spülte Material aus, das der Gletscher mit sich führte. Sand und Geröll lagerten sich ab und bildeten schließlich nach dem endgültigen Abtauen der Eismassen die markante Gestalt eines Wallbergs mit abgeflachter Kuppe und steilen Hängen. »Oser« oder »Os« werden solche Gebilde nach dem schwedischen Wort für »Wallberg« genannt.

Neben dem Bergrücken blieben zunächst Seen von Schmelzwasser zurück, die zu Niedermooren verlandeten. Noch heute sind die Wiesen um das Os feucht, wie man gut erkennen kann. Ungefähr 30 Hektar um den Wallberg herum wurden zu einem Naturschutzgebiet erklärt, in dem über 200 Pflanzenarten wachsen, unter ihnen an die 30 auf der Roten Liste stehende.

Auf dem Os selbst entstand durch Beweidung seit Urzeiten Trockenrasen und Heidebewuchs, aufgrund dessen der Wall bei Süderbrarup den Namen Heidberg erhielt. Auch Flächenbrände hielten zeitweise das Os frei von Gehölzen. Sie wurden durch Funkenflug verursacht, den die Dampfloks auf der quer durch den Wallberg gebauten Eisenbahnstrecke auslösten.

Das Os von Süderbrarup erhebt sich am nordwestlichen Rand des Dorfes und überragt die Wiesen um stolze neun Meter. Vom Heidbergweg im Süden und von der nördlichen Ruruper Straße aus ist der Wallberg wunderbar zu sehen. Das Os im Tal der Oxbek zeigt, dass das Land noch immer spannende Geschichten von der letzten Eiszeit erzählen kann.

In Süderbrarup befindet sich das Thorsberger Moor, ein germanisches Opfermoor, in dem bedeutende archäologische Artefakte gefunden wurden.

16

Freizeitpark Tolk-Schau
Tolkschau 1
24894 Tolk
04622 922
www.tolk-schau.de

TOLK FÜRS VOLK
Freizeitpark Tolk-Schau

Immer wieder begegnet man in Angeln Schildern, die den Weg zur *Tolk-Schau* weisen. Wer dorthin möchte, muss ihnen in eine versteckte Ecke südwestlich der Gemeinde Tolk folgen. An dieser Stelle einen Freizeitpark zu bauen, bot sich vermutlich gerade deswegen an, weil sie weit weg von der Zivilisation erscheint. Viel Platz bietet der Standort, und wenn die Besucher, insbesondere die kleineren, laut johlend und kreischend ihrer Freude und ihrem Spaß Ausdruck verleihen, fühlt sich keiner gestört.

Als ich ein Mädchen war, was durchaus schon ein Weilchen her ist, war ein Tag bei der Tolk-Schau unsere Idealvorstellung eines gelungenen Wochenendes. In der zweiten beziehungsweise dritten Generation betreibt die Familie Petersen den Park nun schon. Damals in den 1970er-Jahren war mein Favorit der Märchenwald, und der riesige Gorilla am Eingang – er kam mir jedenfalls riesig vor – ist wohl jedem Kind im Gedächtnis geblieben. Dass ich jetzt groß bin, also fortgeschrittenen Alters, heißt aber nicht, dass ich keinen Spaß mehr an der Tolk-Schau hätte. Im Gegenteil: Die Familie Petersen hat den Park über die Jahrzehnte weiterentwickelt und erweitert. Die Attraktionen sind heute so vielfältig, dass jeder auf seine Kosten kommt. Wir nehmen die Wasserrutsche und die Achterbahn, bestaunen die Fossilienausstellung und das Tal der Dinosaurier, machen eine Zwergenland-Kanalfahrt – und haben dennoch gerade erst angefangen, das Angebot abzuarbeiten. Gut, dass wir viel Zeit und ein üppiges Picknick mitgebracht haben!

Den Märchenwald gibt es noch. Natürlich hat auch er sich frisch gemacht. Die Erinnerung an die kindliche Sehnsucht, endlich einmal wieder nach Tolk zu fahren, beschwört er immer noch herauf. Gut, dass manches die Zeiten überdauert, umso besser, wenn es mit ihr wächst.

Damit beim Picknick nichts schiefgeht, auch wenn das Wetter nicht mitspielt, kann vor dem Besuch online eine der überdachten Grillhütten gebucht werden.

17

Bibelgarten
Bibelzentrum Schleswig
St. Johanniskloster
Am St. Johanniskloster 4
24837 Schleswig
04621 25853
www.bibelzentrum-
schleswig.de/bibelgarten

BOTANIK AUS DER BIBEL
Bibelgarten

In dem kleinen Bibelgarten hinter dem Haus des Probstes in St. Johannis ist die Tradition des Klostergartens erhalten. Dessen Grundriss hat die Form eines Kreuzes, und in ihm wachsen Nutzpflanzen, die von den Mönchen als Nahrungs- und Heilmittel verwendet wurden. In den Beeten gedeihen aber auch andere Gewächse, die in der Bibel erwähnt werden. Da nicht alle in unserem feuchtkühlen Klima überleben können, werden manche durch ähnliche Arten vertreten.

Unter den Pflanzen finden sich Weizen, Gerste, Wein, Feige, Granatapfel, Olive und Dattel, die sieben Früchte, die dem Alten Testament nach das Kennzeichen Israels sind. Sie lieferten den Menschen der damaligen Zeit die wichtigsten Nahrungsmittel. Weit darüber hinaus geht jedoch ihre Bedeutung in der Bibel. Die Feige diente als Schurz für Adam und Eva, der Wein steht für das Blut Christi. Andere Pflanzen haben ihren Weg hierher gefunden, weil sie auf Legenden der Heiligen Schrift oder christliche Traditionen verweisen. Die Christrose öffnet ihre Blüten zu Weihnachten, die Blüten der Kapuzinerkresse erinnern an die Mönchskutten. Auf den Verrat, den Judas an Jesus beging, weist der Name des Judassilberlings hin. Seine Samenschoten ähneln den Münzen, mit denen Judas für seine Tat bezahlt wurde. Die Form der Blüte der Passionsblume symbolisiert unter anderem mit den drei Griffeln die drei Kreuznägel, und ihre fünf Staubblätter stehen für die fünf Wunden Jesu.

Zwischen den Gerüchen von Küchenkräutern und den Geschichten von christlicher Tradition finden wir friedliche Stille. Im Garten paaren sich alltägliche Notwendigkeit und Symbolik, und die biblischen Gewächse lassen uns beim Wandeln zwischen den Beeten unseren Wurzeln nachsinnen, die in Boden wie in Himmel reichen.

Lohnend ist ein Streifzug durch das St. Johanniskloster, das von Benediktinern vermutlich um 1200 gegründet wurde. Es gilt als besterhaltene mittelalterliche Klosteranlage Schleswig-Holsteins.

18

Fischersiedlung Holm
Süderholmstraße
24837 Schleswig

Holm-Museum
Süderholmstraße 2
24837 Schleswig
04621 936820
www.stadtmuseum-
schleswig.de/das-holm-
museum

AM WASSER GEBAUT
Fischersiedlung Holm

Der Holm in Schleswig ist eine kleine Welt für sich. Rund um einen Friedhof stehen die pittoresken Häuschen der Fischersiedlung. Einst waren alle am Wasser gebaut. Die Ansiedlung war durch das Holmer Noor vom Festland getrennt, was sich in ihrem Namen heute noch manifestiert: Auf Dänisch bedeutet er »kleine Insel«.

Die Großmutter meiner besten Freundin lebte im alten Quartier in der Süderholmstraße. Die historische Bedeutung war mir als Kind gleich, was mich aber damals schon beeindruckte, war die Bauweise des Häuschens. Die Front zur Straße war schmal, und gerade einmal der Flur und die gute Stube passten zwischen die Nachbargebäude. Dahinter schloss sich ein weiteres Zimmer an. Zwischen den beiden Räumen führte eine steile Stiege in den ersten Stock, in dem zwei kleine Zimmer sich unter Dachschrägen duckten. Folgte man dem Flur weiter, gelangte man über drei, vier Treppenstufen hinunter in einen länglichen Anbau. Zur Linken befand sich eine kleine Küchenzeile, zur Rechten ein winziger Esstisch, und geradeaus kam man in das dahinterliegende Badezimmer. Der Garten war ebenso schmal wie das Haus, aber dafür lang gezogen, sodass wir dennoch wunderbar herumtollen konnten. Am Ende des Grundstücks hätte früher das Fischerboot gelegen, nun verlief dort eine Straße.

In der Mitte der Siedlung befindet sich statt eines Marktplatzes der Friedhof, ein Symbol für den Zusammenhalt der Holmer Fischer. Nach dem Dreißigjährigen Krieg gründeten sie die Gilde *Holmer Beliebung*, um sich gegenseitig in Zeiten von Pestilenz und Krieg zu unterstützen, vor allem bei der würdigen Bestattung ihrer Toten. Und so bleiben sie und ihre Nachfahren bis heute trotz der vielen Touristen letztlich unter sich in ihrer Siedlung am Wasser. Ich bin froh darüber, dass ich einen kleinen Einblick in ihr Leben erhalten durfte.

An der Straße zum Holm steht das Holm-Museum. Es zeigt die Geschichte der Holmer Fischer in vielen alten Bildern.

19

Gottorfer Globus
Im Barockgarten
Königsallee 9
24837 Schleswig
04621 813222
www.gottorfer-globus.de

Schloss Gottorf
Schloßinsel 1
24837 Schleswig
04621 813222
www.schloss-gottorf.de

HIMMLISCHE HIMMELSKÖRPER
Gottorfer Globus

Um die Sterne zu beobachten, ist ein wolkenloser Himmel abseits der Stadt und deren Beleuchtung erforderlich. Oder man fährt nach Schleswig. Im Gottorfer Globus betrachtet man im Dunkeln sitzend die leuchtenden Himmelskörper, während sie über das Firmament ziehen.

Über drei Meter Durchmesser misst der Globus. Zwölf Besucher können gleichzeitig darin Platz nehmen. Über ihnen funkeln allerdings keine astronomisch korrekten Sternengebilde. Viel mehr zeigt eine Darstellung, wie im 17. Jahrhundert die damals bekannten Sternenbilder interpretiert wurden. Herzog Friedrich III. von Schleswig-Holstein-Gottorf begeisterte sich für die Wissenschaften und ließ von seinem Hofmathematiker Adam Olearius das Meisterwerk entwerfen. Auf diesem Weg entstand das erste Planetarium der Welt.

Der heutige Schleswiger Globus ist jedoch nicht das originale Exemplar. Im Großen Nordischen Krieg (1700–1721) war Russland Verbündeter des Siegers Dänemark gegen die Gottorfer. Zar Peter der Große bekam die außergewöhnliche Himmelskugel auf seinen Wunsch vom dänischen König zum Dank geschenkt. Seither ist sie in Sankt Petersburg zu sehen, mehrfach rekonstruiert nach Beschädigungen, die bereits auf dem Transport und durch Kriegswirren und Feuersbrünste in späteren Zeiten verursacht wurden.

Für die originalgetreue Nachbildung in Schleswig wurden drei Jahre benötigt. In liebevoller Kleinarbeit sind die wunderschönen Bildnisse entstanden. Außen die kartografische Darstellung der im 17. Jahrhundert bekannten Welt, innen das Firmament in fantasiereichen Malereien – der Globus ist von der Idee bis zur Umsetzung ein geniales Werk. Wenn man sich in seinem Innern von den Sternenbildern und Figuren verzaubern lässt, wünscht man sich, einen solchen Anblick jederzeit unter freiem Himmel genießen zu können.

Das Museum und die Ausstellungen in den ehemaligen Stallgebäuden des nahe gelegenen Gottorfer Schlosses sollte man sich auf keinen Fall entgehen lassen.

20

Kleine Kaskadenanlage
Im Neuwerkgarten
Königsallee 9
24837 Schleswig
04621 813222
www.schloss-gottorf.de

TEMPEL UND HALBGOTT IM GLANZE
Kleine Kaskadenanlage

Von Schloss Gottorf verläuft nach Norden hin eine Allee durch den mit Reet bewachsenen Burgsee. Sie endet an einem sich an den Hügel schmiegenden Wasserspiel, das bereits vom Hof des Schlosses am Ende des mehrere 100 Meter langen Damms zu sehen ist.

Hier beginnt der Neuwerkgarten, der einzige noch erhaltene der einst drei Gärten der Residenz Gottorf. Er wurde im 17. Jahrhundert in Terrassen im Barockstil errichtet und war wohl der erste seiner Art in Schleswig-Holstein. Zu ihm gehört auch die weiße Kleine Kaskadenanlage, die dem Wanderer auf dem Damm entgegenstrahlt. Davor, am Fuße der Anlage, steht ein achteckiges Wasserbecken, aus dem sich eine Brunnenschale mit acht Wasser speienden Löwenköpfen erhebt. Zwei parallele Stufenreihen führen hinauf zu einem kleinen Tempel. Zwischen den Treppenstiegen ergießt sich kühles Nass von oben in einer schmalen Kaskade nach unten. Delfine und Muschelformierungen schmücken den Wasserlauf am Beckenrand.

Nach Westen schließt sich ein Teich an, in dessen Mitte eine fast sechs Meter hohe Figur steht. Sie stellt Herkules mit Löwenmantel und Keule im Kampf gegen die Hydra dar. Aus den Mäulern des vielköpfigen Ungeheuers spritzen heute wieder Fontänen. Lange Zeit ergötzten die Kaskade und die Figur den Betrachter nicht mit ihren Wasserspielen. Nicht nur die Anlage wurde vernachlässigt, auch der Teich litt unter der mangelnden Fürsorge, verlandete, und schließlich fielen Herkules und Hydra dem Zahn der Zeit zum Opfer. In 300 Trümmerteile zerfiel die Skulptur und ragte nur noch als jämmerlicher Rest aus dem Wasser hervor.

Ab 1984 begann man mit der Restaurierung des Neuwerkgartens samt Herkules und der Kleinen Kaskade. Heute erstrahlen sie in altem Glanz, und der kleine Tempel begrüßt erneut von Weitem seine Besucher.

Im rekonstruierten Barockgarten hinter dem Globushaus lässt es sich prächtig durch ein weiteres Stück des 17. Jahrhunderts lustwandeln.

21

Pinnes Grab
Esmarksüderfeld
24986 Mittelangeln
54°39'33.19"N 9°36'33.11"E

EINE RÄUBERPISTOLE?
Pinnes Grab

In einem Wald südlich des Dorfes Satrup, das heute als Mittelangeln bezeichnet wird, im Rehbergholz, tauchen Wanderer in die Steinzeit ein. Drei urgeschichtliche Gräber, sogenannte Langbetten, sind zwischen Bäumen und Büschen heute noch zu erkennen. Das größte von ihnen, das sich über mehr als 30 Meter in der Länge und fast zehn Meter in der Breite erstreckt, nennt der Volksmund Pinnes Grab.

Die Sage von Pinne ist allerdings ein wenig jünger als die prähistorischen Überreste. Vor einigen hundert Jahren machte eine Räuberhorde die Gegend unsicher, deren Hauptmann der finstere Pinne war. »Seeräuber« wird er auch genannt, denn nach seinen Überfällen verschwand er über den nahe gelegenen Ekeberger See. Ein Boot lag an dessen Ufer immer bereit, festgemacht an einem in einen Felsen eingelassenen Ring. Als seine Bande eines Tages von Gesetzeshütern aufgespürt werden konnte, kamen Pinne und die meisten seiner Anhänger ums Leben. Der Anführer fand im Rehbergholz in dem Langbett aus der Steinzeit sein würdiges Grab.

Heute liegt der See weit entfernt, denn Pinnes einstiger Fluchtweg ist größtenteils verlandet. So steht der Stein mit dem Ring nun am Waldesrand, verloren im Gebüsch, vergessen aber nicht. Bis zum Anfang des 20. Jahrhunderts kamen am Pfingstmontag Familien von den umliegenden Höfen und Dörfern inmitten der Findlinge des Langbetts zusammen, um auf Pinnes Grab ein üppiges Picknick abzuhalten. Über die Steinzeit machten sie sich wohl wenig Gedanken. Pinne und die schaurige Sage von der gesetzlosen Räuberbande aber waren einen Ausflug wert. Ausgelassenes Feiern mit Gruselfaktor bot des Schurken letzte Ruhestätte. Der Wanderer unserer Zeit mag sich mehr für Archäologie interessieren. Doch auch er verweilt gern im Angedenken an die alte Sage.

Auf dem längeren Rundweg von knapp über drei Kilometer kann man neben Archäologie auch Sport betreiben: An mehreren Stationen warten Recks für Klimmzüge, Bäume zum Balancieren und anderes auf Trainingswillige.

22

Satruper Reiter
St.-Laurentius-Kirche
Flensburger Straße 3a
24986 Mittelangeln

FÜR DAS GUTE IM GALOPP
Satruper Reiter an der St.-Laurentius-Kirche

Neben dem Portal zum Turm der St.-Laurentius-Kirche zu Satrup ist ein bemerkenswerter Bildstein eingemauert. Er zeigt die Darstellung eines Ritters auf dem Rücken seines Pferdes, das in vollem Galopp dahinspringt. In der linken Hand hält der Ritter seinen Schild, in der rechten eine Lanze.

Der Quader war nicht immer an dieser Stelle verbaut. Bis ins Jahr 1903 verfügte die Kirche über einen für Angeln typischen Glockenturm aus Holz, der ein wenig abseits stand, wie es zum Beispiel in Norderbrarup noch zu sehen ist. Statt des Holzturms wurde in Satrup ein Exemplar aus Backstein am Standort des früheren Nordportals errichtet. Dabei verlor der Satruper Reiter seinen angestammten Platz an der rechten Seite der Hauptfassade. Dort hatte er jahrhundertelang sinnbildlich für das Gute gekämpft.

Einem solchen Ritterbild stand üblicherweise eine Darstellung des Bösen links vom Eingang gegenüber. Es wurde symbolisiert durch Getreidegarben, die auf Kain, den ersten Mörder in der Bibel, hinwiesen. Im Gegensatz zu seinem Bruder Abel, dem Hirten, bestellte er als Ackerbauer die Felder, wie an seinem Getreideopfer in der Heiligen Schrift abzulesen ist. In der St.-Laurentius-Kirche findet sich heute rechts vom Altar ein Stein, der vermutlich diese Abbildung des Bösen zeigt. Wer genau hinschaut, kann die Getreidegarben in der Mitte des Quaders erkennen.

Wenn solche Darstellungen an Kirchenportalen üblich waren, warum ist dann der Satruper Reiter außergewöhnlich? Die Bekleidung des Ritters deutet auf das 12. Jahrhundert hin, und diese frühe Entstehungszeit macht ihn zum ältesten Bildnis eines Ritters in Schleswig-Holstein: ein Vorreiter für das Gute in vollem Galopp.

Vor dem Turmportal hängt an der Außenwand der Kirche eine Grabplatte aus rotem Orthocerenkalk. Auf ihr sind zwischen den eingemeißelten Buchstaben Abdrücke von Fossilien zu erkennen.

MIT ZEICHNUNGEN ZUM ZEITZEUGEN
Arnkiel-Park

Im 17. Jahrhundert wurde Troels Arnkiel geboren. Der spätere Pastor studierte in Kiel an der frisch gegründeten Christian-Albrechts-Universität und war sogar einer der ersten Absolventen dieser Alma Mater. Anschließend schlug er die kirchliche Laufbahn ein in einem zwischen Gottorf und dem dänischen Königreich geteilten Schleswig-Holstein.

Doch Arnkiel war nicht nur religionswissenschaftlich interessiert. Seine zweite Leidenschaft galt der Altertumsforschung, ein Themenfeld, das damals noch recht unbeackert war. 1703 publizierte er sein Buch über die »cimbrischen Völker«. Die Kimbern waren eine germanische Volksgruppe aus Jütland. In seinem Werk hielt Arnkiel Beschreibungen sowie Zeichnungen steinzeitlicher Zeugnisse fest, darunter auch Darstellungen der sieben Gräber im nach ihm benannten Arnkiel-Park bei Munkwolstrup. Diese Ruhestätten waren zu seiner Zeit noch nicht zerstört. In den folgenden Jahrhunderten jedoch erwartete sie ein Schicksal, das sie mit vielen anderen Großsteingräbern teilen: Die Felsbrocken wurden abgetragen, weil man sie anderswo gut brauchen konnte, unter anderem zum Straßenbau. Die Findlinge des Arnkiel-Parks wurden auch im nahe gelegenen Munkwolstrup benötigt. Nach einem Flächenbrand im Dorf dienten sie zum Wiederaufbau der zerstörten Häuser.

Mit seinen Aufzeichnungen zu den vorgeschichtlichen Denkmälern in Schleswig-Holstein bewahrte Troels Arnkiel als ein Vorreiter in der Geschichte der Archäologie Wissen von unschätzbarem Wert über das ursprüngliche Aussehen prähistorischer Großgräber für die Nachwelt. Nach seinen Zeichnungen rekonstruierte der Förderverein Arnkiel-Park die größte Begräbnisstätte im Park. Dass dieses Gräberfeld schließlich nach ihm benannt wurde, hätte Troels Arnkiel sicherlich stolz gemacht.

Der Förderverein Arnkiel-Park bietet Steinpatenschaften für die Findlinge der Gräber an. Vielleicht ist das ein originelles Geschenk für einen archäologisch interessierten Bekannten oder Verwandten?

24

**Landschaftsmuseum
Angeln/Unewatt**
Unewatter Straße 1a
24977 Langballig
04636 1021
www.museum-unewatt.de

Landhaus Unewatt
Unewatter Straße 8
24977 Langballig
04636 9771244
www.landhaus-unewatt.de

DAS MUSEUM IM DORF
Landschaftsmuseum Angeln/Unewatt

Wir lieben Freilichtmuseen und sind bereits in den unterschiedlichsten Landstrichen in originalen Gebäuden durch das Leben früherer Zeiten geschlendert. Heute wollen wir uns ein beeindruckendes Erlebnis dieser Art gönnen. Wir fahren in einen kleinen Weiler im Norden von Angeln, wo uns das *Landschaftsmuseum Angeln/Unewatt* erwartet.

Wir stellen das Auto ab und machen uns auf einen Spaziergang durch die beschauliche Ortschaft. Das Besondere? Unewatt ist Dorf und Museum zugleich. Es zählt um die 70 Einwohner, und der Rundweg zu den Gebäuden der Ausstellung führt an ihren Wohnhäusern vorbei. Zwischen ihren Domizilen laden fünf »Museumsinseln« auf eine Reise in vergangene Tage ein.

Den Anfang macht das Marxenhaus. Es bildet auch den historischen Ursprung der Ausstellung, denn nachdem es in Süderbrarup fachmännisch zerlegt und anschließend eingelagert wurde, plante man seinen Wiederaufbau in Unewatt. Dazu wurde ein neues Konzept entwickelt: Nicht auf einem abgeschlossenen Areal sollte das neue Freilichtmuseum entstehen, sondern Teil eines Dorfes und seines Alltagslebens sein. Neben dem wiedererrichteten Marxenhaus wurde die zu Unewatt gehörende Buttermühle im Detail restauriert, die stillgelegte und verfallene Windmühle Fortuna zu neuem Leben erweckt und die Räucherei vor dem Abriss gerettet. Zusammen mit der großen Christesenscheune bilden sie die Stationen der Schau. An jeder dieser Stationen werden verschiedene Themen behandelt, unter anderem der Butterversandhandel früherer Zeiten oder wie der Strom nach Unewatt kam.

Wie mag es sein, als Anwohner zwischen diesen Ausstellungsstücken zu leben? Manchmal sind die Besucher den Dorfbewohnern sicherlich zu viel, vermuten wir. Aber wir sind auch sicher, dass sie reichlich stolz auf ihr ausgefallenes Freilichtmuseum sind.

Nach dem fast zwei Kilometer langen Rundgang bekommt der eine oder andere bestimmt Hunger. Im Landhaus Unewatt kann man sich beim Menü oder am Buffet in einer ehedem königlichen Kate stärken.

25

**Margarethenhof
Flensburg**
Johannisstraße 78
24937 Flensburg

Fleno-Park
Zwischen Süderfischer-
straße und Handwerks-
kammer
Johanniskirchhof 1
24937 Flensburg

MARGARETHENHOF

NOMEN EST OMEN
Margarethenhof

Zuckerhof, Florenhof – die verschiedensten Namen hat der Flensburger Margarethenhof im Laufe der Zeit getragen. Mal leiteten sie sich vom jeweiligen Besitzer ab, mal von der Art der Nutzung des Gebäudekomplexes.

In jedem Fall stehen die vielen Bezeichnungen für die wechselvolle Geschichte des Anwesens. Dass es bereits 1609 bestand und der Familie Lange gehörte, belegt seine erste urkundliche Erwähnung. Anfang des 18. Jahrhunderts wechselte der Hof in den Besitz von Kay Detlef Flor und wurde zum Florenhof. Mit dem Jahr 1719 kamen ein neuer Käufer und ein neuer Name: Der Reventlow'sche Hof gehörte nun Heinrich Graf zu Reventlow. Sein Bruder ließ das Gebäude 1717 als Adelspalais ausbauen. In dieser Zeit wurde ein Barockgarten angelegt, der bis ans Ufer der Förde reichte. Nur elf Jahre später wurde das Palais zum Landrathenhof, als die Landrätin Charlotte A. von Lützau es kaufte. Anschließend begann ein völlig neuer Abschnitt in der Historie des Grundstücks: Er wurde der gewerblichen Nutzung zugeführt. Zunächst entstand die Seifensiederei von Peter Holst. Ab 1762 nutzte sein Bruder Matthias das Anwesen für seine Zuckersiederei und bescherte ihm damit die nächste Bezeichnung: Zuckerhof. Rohrzucker, der aus Westindien stammte, wurde zu Sirup, raffiniertem Zucker und Kandis verarbeitet. In jenen Tagen wurde Flensburg zu einem bedeutenden Konkurrenten für die Zuckerhändler aus Holland und Hamburg.

Doch auch diese Ära ging zu Ende, und Nicolaus Jepsen gründete 1842 eine Eisengießerei auf dem Anwesen. Er benannte es zum Dank nach seiner Schwiegermutter Margarethenhof, da sein Schwiegervater für den Kauf des Grundstücks ihm eine nicht unbeträchtliche Kaution zur Verfügung gestellt hatte. Oder wollte der Kaufmann doch eher einem bösen Drachen schmeicheln und ihn handzahm machen?

In der kleinen Grünanlage, der inoffiziell Fleno-Park heißt, befindet sich das symbolische Grab des Ritters Fleno, nach dem der Sage nach die Flensburg benannt ist. Seine Burg soll am Ostufer der Förde gestanden haben.

26

Brasseriehof
**Kaufmannshöfe Flens-
burg**
Entlang der
Fußgängerzone
Norderstraße/
Große Straße/Holm
24937 Flensburg

Restaurant Roter Hof
Rote Straße 14
24937 Flensburg
0461 5052370
www.roterhof.de

LÄNGS UND QUER
Kaufmannshöfe

Eine architektonische Besonderheit Flensburgs ist die Ausrichtung der Gebäude in der Altstadt. Wie ein Grätenmuster nimmt sich die Bebauung aus. Die Reverenz an den »Fisch« deutet jedoch mitnichten auf die »Köppe« der Einwohner. Vielmehr erinnert die spezielle Anordnung daran, dass Flensburg schon immer Hafen und Meer für seinen Handel nutzte.

Von Nord nach Süd ist der Hauptstraßenzug ausgerichtet, heute die Fußgängerzone, in der die Norder- in die Große Straße und schließlich in den Holm übergeht. Links und rechts davon entstanden ab dem Mittelalter Kaufmannshöfe. Damit möglichst viele Anwesen Zugang zum Hafen erhielten, wurden sie schmal, dafür aber lang angelegt. Vorne standen die prächtigen Wohn- und Kontorhäuser der Händler, dahinter, Richtung Osten, erstreckten sich die Lagergebäude zur Wasserseite den Hang hinab. Da der untere Teil der Höfe an der Förde lag, konnten die Waren schnell umgeschlagen werden. Mit der Blütezeit des Westindienhandels im 18. Jahrhundert errichtete man an diesem Ende der Grundstücke geräumige Querspeicher.

Da die betuchten Kaufleute die Ostseite des Hauptstraßenzugs zum Hafen hin als verkehrsgünstige Lage bevorzugten, nannte man sie die »Groschen-Seite«. Die »Pfennig-Seite« war dagegen die weniger wertvolle, die gen Westen vom Wasser wegführte. Dort bauten unbedeutendere Gewerbetreibende und Fuhrleute bescheidenere Domizile wie den klaustrophobisch engen Krusehof. Wer auf die Suche geht, findet heute noch in der Fußgängerzone links und rechts Durchgänge zu kleinen sowie weitläufigen historischen Höfen.

Ost und West, reich und bescheiden bestimmten die Entstehung der Flensburger Altstadt. Inzwischen wird man zu beiden Seiten der Fußgängerzone gleichermaßen sein Geld los. Den Handel hat der Wandel der Stadt im Laufe der Zeit nur unwesentlich verändert.

Bei gutem Wetter speist man im Restaurant Roter Hof an der Roten Straße in romantischer Atmosphäre in einem idyllisch gelegenen Hof.

27

McMelson Old English Pub
Norderhofenden 10
24937 Flensburg

VON DER FÖRDE ÜBER DEN KANAL
McMelson Old English Pub

An einem alten Haus bemerken wir grün gestrichene Fensterrahmen, verschnörkelte Messingleuchter und Holzbalustraden hinter den Scheiben, Guinness-Werbung an der Wand. Das sieht nun wirklich nicht nach einer der üblichen Standardkneipen am Flensburger Hafen aus. Wir stehen vorm *McMelson Old English Pub*, erklären uns große Messingbuchstaben über den Fenstern. Neugierig geworden, gehen wir hinein.

Der Name des Etablissements verspricht nicht zu viel. Es kommt uns vor, als wären wir nicht nur über eine Türschwelle getreten, sondern hätten zugleich den Ärmelkanal überquert. Dunkles Holz beherrscht die Einrichtung, mit rotem und grünem Leder sind die Sitzbänke bezogen, an den Lehnen stilecht gesteppt. Spiegel mit verzierten Rahmen und verschnörkeltem Aufdruck samt Schriftzug »McMelson Best Place« dominieren die Wände. Gedämpftes Licht verbreitet eine heimelige Atmosphäre. *Guinness Hop House 13* und *Draught* fließen aus dem Hahn, und über der Theke hängt eine Fahne mit dem Union Jack. Der Laden macht seinem Namen alle Ehre: Er *ist* ein alter englischer Pub. Auch wenn er nicht auf viele Jahre zurückblickt.

Seit 2008 lässt Sonny McMelson seine Gäste eine Reise von der Förde auf die Insel unternehmen. Dabei kommt er selbst gar nicht aus England. Sonny ist schottisch-dänischer Abstammung. Dem schottischen Teil verdanken die Fans sicher die über 100 Whisky-Sorten, die der Pub im Angebot hat. Selbst das nimmt sich international aus: Auf einem Etikett steht »Taketsuru Pure Malt«. Das klingt nicht nur japanisch, das ist es auch.

Gerne verbringen wir bei Sonny McMelson ein paar Stunden als Kurzurlaub. Sein *Old English Pub,* da sind wir sicher, wird eines Tages wirklich richtig alt sein.

Halloween ist nicht jedermanns Sache. Aber in Sonny McMelsons Pub wird es so stilecht gefeiert, dass man es erlebt haben muss.

28

Kapitänsviertel in Jürgensby
Startpunkt: Sankt-Jürgen-Straße
24937 Flensburg

St.-Jürgen-Treppe
Sankt-Jürgen-Straße/
Johannisstraße
24937 Flensburg

BLICK AUF DIE SEE
Kapitänsviertel in Jürgensby

Am Ostufer der Flensburger Förde liegt das Viertel Jürgensby. Hier geht es steil zu. Gänge ziehen sich vom Ufer hinauf zur schmalen St.-Jürgen-Straße, die sich weiter am Berg bis zur St.-Jürgen-Kirche schlängelt. Hübsche kleine Häuser mit farbenfrohen Fassaden, wunderschönen Türen und unzähligen bunt blühenden Rosenstöcken säumen die Gasse.

Bis Ende des 18. Jahrhunderts verbot die Stadt Flensburg die Bebauung außerhalb der Stadtmauern. Auf dem Grund und Boden im Schatten des damaligen St.-Jürgen-Hospitals, dem das Land am Ostufer der Förde gehörte, hatte die Obrigkeit jedoch nichts zu sagen. Heute steht an der Stelle des Hospitals die 1904 bis 1907 errichtete St.-Jürgen-Kirche. Die schnuckeligen Häuser entlang der gleichnamigen Straße stehen eng beieinander, um den Platz am Hang so effektiv wie möglich zu nutzen. Am oberen Ende des Wegs kann man teilweise noch gut erkennen, dass die Gebäude einzeln auf Feldsteinsockel gebaut wurden, um sie an der steilen Steigung positionieren zu können.

Schiffergang, Steuermannsgang – die Namen mancher zur Förde hinunterführenden Wege verraten, warum dieser Teil von Jürgensby das »Kapitänsviertel« genannt wird. Seeleute, insbesondere Schiffsführer und -offiziere, siedelten sich in der Gegend ab dem 16., verstärkt seit Mitte des 18. Jahrhunderts an und umgingen dadurch das Bauverbot der Stadt. Zugleich stand ihr Heim unweit der Förde, wo die Arbeit auf sie wartete.

Aus den Wohnzimmerfenstern konnten die Seemänner und ihre Familien auf das Wasser blicken und ein- und ausfahrende Schiffe beobachten. Vielleicht saß manch ehemaliger Seebär, nachdem er in Ruhestand gegangen war, an seinem Fenster, ließ den Blick sehnsüchtig über die Förde schweifen und träumte von alten Zeiten an fernen Stränden.

Den Blick von der Aussichtsplattform am oberen Ende der großen St.-Jürgen-Treppe über den westlichen Teil Flensburgs sollte man sich trotz des anstrengenden Aufstiegs nicht entgehen lassen.

29

Oluf-Samson-Gang
24939 Flensburg

Hafenkneipe Onkel Jule
Schiffbrücke 30
24939 Flensburg
0461 1602954

VON ROT- ZU RAMPENLICHT
Oluf-Samson-Gang

»Der Oluf« ist weit über die Stadt Flensburg hinaus bekannt. Er ist jedoch kein Mann, auch wenn er nach einem benannt ist. »Oluf« ist die Abkürzung für den Oluf-Samson-Gang, eine vermeintlich unscheinbare schmale Gasse, die von der Norderstraße hinunter zum Hafen führt.

Dass im Jahr 1918 das Verbot der öffentlichen Ausübung von Prostitution in Deutschland aufgehoben wurde, sorgte maßgeblich dafür, dass die kleine Straße berühmt-berüchtigt wurde. Ab diesem Zeitpunkt entwickelte sie sich zur bekanntesten Rotlichtmeile Flensburgs. Die Mieten waren günstig, und günstig war auch die unmittelbare Nähe zum Hafen.

Oluf Samson allerdings hatte nichts mit dem horizontalen Gewerbe zu tun. Um 1600 ließ er an dem Gang Pachthäuser für sozial schwach Gestellte errichten. Obwohl sein Vermögen 1617 aufgrund des Niedergangs der Wirtschaft im Zuge des Dreißigjährigen Kriegs beträchtlich geschrumpft war, wurde er in diesem Jahr als Namensgeber der Gasse erstmals verbrieft. Der Erste Weltkrieg und die neue Grenze im Norden der Stadt 1920 infolge der Abstimmung über die Zugehörigkeit Schleswigs zu Dänemark oder Deutschland brachten eine erneute Wirtschaftsflaute. In den 1930er-Jahren begünstigten die billigen Mieten der zusehends verfallenden Häuser die Entwicklung der Gasse zur Bordellmeile.

In den 1970er-Jahren beschloss Flensburg statt des Abrisses der nördlichen Altstadt den Erhalt der alten Bausubstanz. Man sah auch die Gelegenheit, die Prostitution aus dem Oluf-Samson-Gang zu verdrängen. Die Gebäude wurden unter Denkmalschutz gestellt und nach und nach an Privatleute verkauft. Im Jahr 2015 zogen die beiden letzten Damen des horizontalen Gewerbes aus. Die Gasse glänzt. Die Prostitution lebt anderswo weiter.

Am Fuße des Oluf-Samson-Gangs liegt die Hafenkneipe *Onkel Jule*. Seit 1843 dient das alte Gebäude als Gaststätte.

30

Garten Unsere Obstwiese
Hauptstraße
24994 Jardelund
Familie Maaßen: 04605 777

BETRETEN ERWÜNSCHT!
Öffentlicher Garten *Unsere Obstwiese*

Wir wollen das schöne Wetter ausnutzen, um fern der Großstadt ein entspanntes Picknick zu machen. Dafür fahren wir nach Jardelund zu *Unserer Obstwiese*.

Nicht weit weg von der Grenze nach Dänemark liegt der idyllische Rastplatz gleich hinter dem Ortsschild. Die Bezeichnung passt nicht wirklich, denn mit Rastplätzen an Autobahnen oder größeren Straßen hat die Obstwiese allerhöchstens die Sitzgelegenheiten gemein. Ein kleiner Holzzaun umgibt das Areal. Sein Zweck ist mitnichten, irgendjemanden fernzuhalten, wie wir der Aufschrift eines bunt bemalten Schildes entnehmen. Es verkündigt in fetten Lettern: »Betreten erwünscht!«, und das Ausrufezeichen scheint uns besonders nachdrücklich einzuladen.

Hinter dem Zaun fällt unser Blick auf eine Wiese mit zahlreichen Obstbäumen. Jetzt im Herbst hängen die Zweige voll mit den fast reifen Früchten. Die Wiese gehört Familie Maaßen. Als sein Bruder 2004 auf einer Tour mit dem Motorrad durch Norwegen ums Leben kam, bat Peter Maaßen anstelle von Kränzen für die Beerdigung um Spenden, mit denen er seine Koppel zu *Unserer Obstwiese* umgestaltete. Eine Oase des Friedens hat er hier am Rande Jardelunds geschaffen, in die er alle Vorbeikommenden zu einer Pause auf ihren Touren einlädt.

So traurig das Ereignis ist, das unseren heutigen Ausflug ermöglicht, so dankbar sind wir Familie Maaßen für dieses Paradies. Wir schlüpfen durch das Gartentor, das offen steht. Das gemähte Gras ist noch feucht von der sternenklaren Nacht, und unsere Schuhe hinterlassen Spuren im Tau, als wir über die Wiese gehen und die morgendliche Ruhe genießen. Auf einer der Sitzbänke, die mit Lampions und Blumentöpfen geschmückt sind, lassen wir uns in der Sonne nieder, packen unser Frühstück aus und beginnen den Tag, der eigentlich nur gut werden kann.

Die Familie Maaßen freut sich über Postkarten ihrer Besucher, wie sie mit Nachrichtenzettelchen auf der Wiese verrät. Zu der Sammlung seine eigene Lieblingspostkarte beizutragen, ist ein schöner Gedanke.

31

Fischerhäuser
Bergstraße 27–37
25917 Leck

Fischerhaus Leck
Ferienwohnungen
Bergstraße 29–31
25917 Leck
04123 7748
www.fischerhaus-leck.de

NAH AM WASSER GEBAUT
Lecker Fischerhäuser

An der Straße nach Sprakebüll in Leck stoßen wir unerwartet auf eine malerische Häuserzeile, die zwischen der restlichen Bebauung hervorsticht. Keine roten Klinker, weder Dachschindeln noch -ziegel zeichnen sie aus. Weiß gekalkt scheinen sie sich unter die überhängenden Dächer zu ducken. Mit Reet sind sie gedeckt, dazwischen schauen immer wieder Gauben hervor. Wie eine kleine Berg- und Talbahn onduliert die Dachlandschaft vor dem Hintergrund hoher Bäume. Wir fragen einen Einwohner nach diesen Bauten und erfahren, dass man sie die »Lecker Fischerhäuser« nennt. Fischer hier im Hinterland?

Ganz in der Nähe fließt die Lecker Au zwischen busch- und baumbewachsenen Ufern durch das Dorf. Hat das Gewässer etwas mit der Bezeichnung der Gebäudereihe zu tun? Einst lag das Gebiet der Ortschaft an der Nordseeküste, doch das ist wirklich sehr lange her. Mit Deichen und Entwässerungsgräben wurde dem Meer immer wieder Land abgetrotzt. Inzwischen sind es stolze 20 Kilometer bis zur Küste. Aber die Lecker Au ist geblieben. Früher mündete sie in dieser Gegend ins Meer, nun muss sie noch ein Weilchen durch Nordfriesland fließen, ehe sie sich mit der Nordsee vereint. Weit und breit also keine See, doch auch auf Flüssen kann Fischen ergiebig sein. Wir sind also überzeugt, dass die Domizile von Fischern gebaut wurden.

Dann treffen wir auf eine Infotafel, die uns erklärt, dass der Beruf des Fischers in Leck im 19. Jahrhundert nicht belegt ist. Schade, dass wir uns von der pittoresken Vorstellung verabschieden müssen. Die Häuserzeile mit den hohen Bäumen an der Straße und den hübschen Vorgärten bleibt jedoch ein Kleinod, von wem auch immer sie erbaut wurde. Und noch lange freuen wir uns über den Anblick, während wir unseren Weg nach Sprakebüll fortsetzen.

In einem solchen malerischen Häuschen zu wohnen, das wäre was. In einer der Ferienwohnungen kann man diesen Traum wahr werden lassen.

32

Arlau
Parkplatz an der B5
Nach Kreuzung Liekutweg
(im Süden)/ Breklumer
Koog (im Norden)
25856 Hattstedtermarsch

**Schutzstation Watten-
meer Beltringharder Koog**
Nationalpark-Station
Arlau-Schleuse
Hattstedter Marsch 42
25856 Hattstedtermarsch
0151 22278605
www.schutzstation-
wattenmeer.de

KÖM–ÄQUATOR
Arlau

Von Husum kommend, fahren wir durch die Hattstedtermarsch nach Norden. Saftige Weiden ziehen an den Autofenstern vorbei und erstrecken sich bis an den Horizont. Das Panorama erinnert uns an den Witz, dass man in Nordfriesland den Besuch vom Sonntag schon am Donnerstag sehen kann, weil das Land so platt ist. Auf einem Parkplatz an der Ostseite der B5 halten wir. Hier fließt die Arlau unter der Straße durch und markiert eine unsichtbare, aber nichtsdestoweniger bedeutsame Grenze.

Die 37 Kilometer lange Arlau entspringt am östlichen Rand des Kreises Nordfriesland, den sie nie verlässt. Im Beltringharder Koog, dem jüngsten Koog des Kreises, mündet sie in die Nordsee. Dort verhindert die Arlauschleuse, dass bei Sturmfluten das Meerwasser flussaufwärts strömt und das unter dem Meeresspiegel liegende Gebiet der Hattstedtermarsch überflutet. In Nord und Süd zu teilen, ist das Schicksal des kleinen Flusses. In seinem Oberlauf trennt es die Goesharde in die Nordergoesharde und die Südergoesharde. Aber es spaltet auch die Geschmäcker, wenn es um ein schleswig-holsteinisches Nationalgetränk geht: den Aquavit, das »Wasser des Lebens«. Denn nördlich der Arlau trinkt man bevorzugt die »geele« – gelbe – Variante, im Süden kommt das Getränk »witt« – weiß – ins Glas. »Köm« nennt man die norddeutsche Spirituose, denn Kümmel verleiht dem Branntwein aus Kartoffeln oder Getreide seinen Geschmack. In ihrer Eigenschaft als Grenze zwischen den beiden jeweils bevorzugten Ausführungen des Kümmelschnapses trägt die Arlau auch die bedeutungsvolle Bezeichnung »Köm-Äquator«.

Wir queren die Lebenswasserscheide und fahren weiter durch die Hattstedtermarsch in Richtung Bredstedt. Dort wollen wir ein Päuschen einlegen. Natürlich bei einem »geelen Köm«.

Um die Landschaft an der Mündung der Arlau näher kennenzulernen, empfiehlt sich eine Führung auf dem Lehrpfad im Naturerlebnisraum, angeboten von der Schutzstation Wattenmeer Beltringharder Koog.

ALLES AUS EINER HAND
Backensholzer Hof mit Lokal und Hofladen

Wer fände das nicht gut: zu wissen, woher die Zutaten der täglichen Mahlzeiten kommen, ob Zusätze darin sind, wie das Getreide gedüngt und die Tiere gefüttert und verarbeitet worden sind. Die Familie Metzger-Petersen vom Backensholzer Hof gehört zu den Glücklichen, die das von sich sagen können und darüber hinaus es anderen ermöglichen. Mit Glück hat das allerdings nicht viel zu tun, sondern mit Kreativität, Einsatz und Tatkraft.

Das Programm ist ambitioniert: Fleisch, Milch, Eier, alles wird nicht nur selbst produziert, sondern auch eigenhändig weiterverarbeitet. Was die Käserei angeht, sind die Metzger-Petersens leidenschaftliche Lebensmittelhandwerker. Und weil die Idee des Kreislaufs den Kern der Philosophie bildet, gehen sie noch ein paar Schritte weiter: Die Gülle der Rinder wird in der hofeigenen Biogasanlage für die Herstellung von Strom genutzt, um den Energiebedarf des Anwesens abzudecken, und eigene Solaranlagen kommen ebenfalls zum Einsatz. Das Futter für die Tiere wird in ihrem landwirtschaftlichen Betrieb angebaut. Ergebnis des nachhaltigen Handelns sind hochwertige Produkte aus der eigenen Fleischerei und Rohmilchkäserei, die Besucher im Hofladen erstehen oder im Restaurant *Vom Feld auf den Teller* vor Ort genießen können. Auch für die Zukunft ist gesorgt. Das Wissen in der Käserei wird über Auszubildende an die nachfolgenden Generationen weitergegeben. Sogar die Kleinsten werden früh an ein möglichst naturnahes Leben herangeführt: im Backenholzer Wald- und Hofkindergarten.

Warum macht man sich so viel Arbeit mit einem ganzheitlichen Konzept? Die Backensholzer sind allesamt Genießer, die selbst leidenschaftlich gerne leckeres Essen auf dem eigenen Teller haben. Da geht ihnen das Entwerfen eines komplexen Konzepts und die aufwendige Umsetzung doch leicht von der Hand!

Für alle, die nicht vor Ort wohnen, sind die Käsespezialitäten im Online-Shop erhältlich. Auf der Homepage kann man auch deutschlandweit Händler finden, die sie vertreiben.

34

Künstlercafé Husum
Neustadt 18
25813 Husum
01516 7521400
www.künstlercafehusum.de

SCHLEMMEN IN FRANZÖSISCHEM AMBIENTE
Künstlercafé Husum

So stelle ich mir ein Café vor: Schon der Außenbereich mit Sonnenblumen auf einem Tischchen, Rosenstöcken an der Fassade und der smaragdgrünen Tür verspricht ansprechendes Ambiente. Kuchen, Kaffee und französische Speisen bietet das Lokal an. Da will ich mal gucken, oder vielmehr probieren.

Frankreich ist das Leitmotiv bei den warmen Gerichten und der Frühstücksauswahl. Bei den Kuchen wird es international: Nach Schweden geht die Reise geschmacklich mit Blaubeerkuchen, Käse und Mohn nehmen uns mit auf das sonnige Sizilien, Zar Nicolai bittet zu Tisch mit Schokolade und marinierter Pflaume auf zartem Baiser. Heute aber will ich für ein paar Kalorien kämpfen und entscheide mich für die Partisanen-Torte: Brand- und Biskuitteig mit Obst und üppig Sahne sind genau das Richtige. Da die Sonne scheint, zieht es mich in den Garten, auch wenn es der Innenraum mit Landhausmöbeln, dunklem Holzboden und hellen Wänden eine gemütliche Atmosphäre versprüht.

Der Garten ist eine kleine Welt für sich. Unter Olivenbäumen nehme ich auf einem Stuhl mit hübsch verzierter Lehne Platz. Da fällt mein Blick auf einen anderen Baum: Eine Zitrone, und es hängen tatsächlich fette Früchte an den Ästen. Wer die in unserem Klima zum Reifen bringt, muss einfach ein Händchen für alles Essbare haben, denke ich. Das wird sofort bestätigt. Meine Partisanen-Torte zergeht im Mund, leicht und fluffig, einfach ein Traum! Und ganz ohne Gelatine und Geschmacksverstärker – dieses Aroma könnte ohnehin nicht intensiviert werden.

Gerne würde ich mich gleich durch die große Auswahl hindurchprobieren, wäre das Stück Torte nicht so üppig bemessen. Doch eigentlich ist es viel schöner, den leckeren Geschmack noch ein wenig länger im Munde zu spüren. Um all die anderen Kuchen zu testen, komme ich einfach wieder. Liebend gern!

Nicht nur Brunch bietet das Café zusätzlich an. Es steht auch für geschlossene Gesellschaften zur Verfügung.

35

Ostenfelder Bauernhaus
(April–Oktober)
Nordhusumer Straße 13
25813 Husum
04841 2545
www.museumsverbund-
nordfriesland.de

Nordfriesland Museum
Nissenhaus
Herzog-Adolf-Straße 25
25813 Husum
04841 2545
www.museumsverbund-
nordfriesland.de

LEBEN UND ÜBERLEBEN
Ostenfelder Bauernhaus

Mitten in der Stadt ein Freilichtmuseum? In Husum gibt es das. Ein wenig zurückgesetzt steht von Bäumen umgeben das Ostenfelder Bauernhaus. Fern vom Straßenlärm taucht man darin in eine längst vergangene Epoche ein.

Dabei ist das Bauwerk nicht nur bemerkenswert als Zeitzeugnis eines einstigen bäuerlichen Lebens. Erstaunlich ist auch die Geschichte, wie es erhalten blieb. Das nach seinen Besitzern benannte *Heldt'sches Haus* hatte bereits Ende des 19. Jahrhunderts das Interesse der zeitgenössischen Forschung erregt. 1899 wollten die Dänen es für ihr Volkskundemuseum erwerben. Zu diesem Zweck reisten sie Anfang desselben Jahres nach Süden. Glücklicherweise lauschten ein paar Husumer ihren Gesprächen und bekamen Wind von ihrer Absicht. Kurzentschlossen schnappte man das Gebäude den Konkurrenten aus dem Norden vor der Nase weg.

Das Haus samt allen niet- und nagelfesten Gegenständen wurde abgebrochen und in Husum wieder aufgebaut. Lediglich das Wandpaneel aus dem Pesel ging den Husumern durch die Lappen. 1986 erwies sich das als glückliche Fügung für dessen Erhalt. Für die Sanierung des Bauwerks lagerte zu diesem Zeitpunkt Reet zur Erneuerung des Daches auf dem Gelände. Unachtsame Kinder fackelten es beim Spielen ab, und das Feuer griff auf die umstehenden Gebäude über. Eine Scheune, die seit 1974 das Ensemble des Museums ergänzte, brannte vollständig nieder. Das Bauernhaus selbst blieb stark beschädigt erhalten. Vier Jahre dauerte seine Restaurierung. Und das Pesel-Paneel konnte nach Vorbild des Originals im dänischen Museum rekonstruiert werden.

Auf diese Weise entstand das älteste deutsche Freilichtmuseum. In ihm lebt nicht nur die Tradition des bäuerlichen Lebens des 18. und 19. Jahrhunderts weiter – das Haus selbst erzählt selbst eine spannende Geschichte vom Überleben.

Ein anderes Museum in Husum, das Nissenhaus, berichtet über weitere kulturelle Entwicklungen und Traditionen an der Nordseeküste.

86

Weihnachtshaus
Westerende 46
25813 Husum
04841 6685908
www.weihnachtshaus.info

O DU FRÖHLICHE
Weihnachtshaus

Weihnachten war bei uns zu Hause ein entspanntes Familienfest. Die Eltern kochten gemeinsam, Mutter den Grünkohl, Vater die süßen Kartoffeln. Nach dem Essen wurden die Geschenke ausgepackt, immer reihum, damit jeder alle bewundern konnte. Das war unser kleiner Familienbrauch. Dass das Christfest mit süßem Gebäck und den Gaben unterm Tannenbaum eine viel längere Tradition hat, war uns bewusst. Das Weihnachtshaus in Husum überrascht uns allerdings mit der Vielfalt dessen, was man über das Hochfest in Deutschland wissen kann.

Das Museum ist in einem Stadthaus aus den Gründerjahren beheimatet. Auf drei Etagen wandern wir durch die Geschichte der Weihnachtszeit. Lametta etwa hat sich im Laufe der Jahrzehnte von schmal geschnittenen Edelmetallstreifen über Stanniol mit Bleikern – damit es schöner herunterhängt – zu Alu oder metallisiertem Kunststoff gewandelt. Als Ersatz wurden im Zweiten Weltkrieg sogar Metallstreifen an den Baum gehängt, die aus Flugzeugen abgeworfen oder mit Raketen verschossen worden waren, um die Ortungsgeräte des Gegners stören.

Wir bestaunen die von der Decke hängenden Schwebeengel mit ihrem Reif aus Kerzenhaltern, traditionsreicher Dekor, der in Norddeutschland nicht zum Einsatz kommt. Sie stammen aus dem Erzgebirge wie viele Stücke, die das festliche Wohnzimmer zu Heilig Abend schmücken, allen voran die Holzpyramiden. Nussknacker, Krippen, Gebäck und sogar Theodor Storms Weihnachtsbaum warten zudem in weiteren Räumen auf uns.

Nach dem Rundgang durch die Ausstellung erreichen wir den Laden im Erdgeschoss. Die riesige Auswahl an Weihnachtsdekoration macht es schwer, uns zu entscheiden, doch für das nächste Fest müssen wir als Andenken unbedingt ein besonderes Stück mit nach Hause nehmen.

Wenn Sie zu Hause feststellen, dass Ihr Tannenbaum noch viel mehr Bedarf an dem Husumer Schmuck hat, können Sie über die Homepage des Weihnachtshauses weitere Artikel bestellen.

37

Roter Hauberg
Sand 5
25889 Witzwort
04864 845
www.roterhauberg.de

Mars-Skipper-Hof
Gardinger Chaussee 3
25832 Kotzenbüll
04861 617480
www.eingartenfuerdie-
sinne.de

# VON GERICHTEN UND GESCHICHTEN
Museum und Restaurant Roter Haubarg

Mit 30 Metern Länge und 24 Metern Breite ist der Rote Haubarg von wahrhaftig stattlicher Größe. Bis ganz oben sind es mehr als 16 Meter. Obwohl die Wände weiß gestrichen sind, war die Farbe des historischen Bauernhofs Grund für den ersten Teil seines Namens, denn rot war das Mauerwerk oder ein Ziegeldach. Heute wird das Anwesen als Restaurant und Museum genutzt.

Haubarge sind eine urtypische Hausform auf Eiderstedt, die ihre Blütezeit in der zweiten Hälfte des 18. Jahrhunderts erfuhr. Sie zeichnet sich durch den enormen Lagerplatz für Heu und Getreide unter dem Dach aus – daher auch der zweite Teil des Namens, denn in dem Gebäude kann man eine Menge Heu stapeln, Plattdeutsch: »Hau bargen«. Mit der Umstellung auf Fettviehwirtschaft im 19. Jahrhundert wurden die Haubarge jedoch überflüssig und mit ihren hohen Unterhaltungskosten unattraktiv. Die meisten wurden umgebaut oder abgerissen.

Durch das kleine Museum und den Restaurantbetrieb ist der Rote Haubarg öffentlich zugänglich.

Beim Genuss der regional geprägten Speisen erzählt man sich dann gerne die Sage vom Werk des Teufels, das der Rote Haubarg eigentlich sein soll. Denn einst wohnte hier ein armer Schlucker, der die Tochter des reichen Nachbarn liebte. Er versprach dem Beelzebub seine Seele, wenn dieser ihm über Nacht vor dem ersten Hahnenschrei ein großes Heim errichten würde. Der legte los, und dem jungen Mann wurde angst und bange. Gerettet hat ihn seine zukünftige Schwiegermutter. Bevor das letzte Fenster fertig war, schüttelte sie den Hahn so kräftig, dass der vor Schreck krähte. Daraufhin musste der Teufel abziehen ohne die Seele des Mannes, der nun das Wohlwollen des gestrengen Nachbarn erwarb – kein Wunder bei so einem stattlichen Haus!

Einen – immer noch roten – Haubarg auf andere Weise erleben kann man auf dem Mars-Skipper-Hof in Kotzenbüll. Über 80 Spielstationen laden zum Schärfen der Sinne ein.

38

Herrenhaus Hoyerswort
25870 Oldenswort
04864 2039838
www.hoyerswort.de

WARFT VOLLER ÜBERRASCHUNGEN
Herrenhaus Hoyerswort

Eine Insel aus Wald erwartet uns heute. Wir wollen zum Herrenhaus Hoyerswort, das sich hinter altem Baumbestand versteckt. Auf einer Art Eiland steht es tatsächlich, nämlich auf einer Warft, einer Erhebung aus dem Marschland.

Nicht nur die Bäume, die den fast immerwährenden Wind abmildern, auch ein doppelter Wassergraben schützt das prächtige Gebäude – einst sogar mit einer Zugbrücke versehen. Heute überquert man vom Parkplatz aus den Graben ungehindert, denn inzwischen sind Besucher herzlich willkommen. Mit seinen geschwungenen Giebeln und dem achteckigen Treppenturm mutet der Renaissance-Bau an wie ein Schloss. Das einzige Herrenhaus auf Eiderstedt wurde von Caspar Hoyer erbaut, nach dem es auch benannt ist. Die zweite Silbe seines Namens bezeichnet eine »Wurt«, eine Warft, in diesem Fall also »Hoyers-Warft«.

Ein kleines Museum auf dem Anwesen bringt uns die Geschichte Hoyersworts näher. In der Marschentöpferei Jordy können wir zudem zusehen, wie Fliesen in holländischer Tradition von Hand hergestellt und bemalt werden. Im Café stärken wir uns nach dem Rundgang bei selbst gemachten Kuchen und einer der angebotenen Kaffeespezialitäten. Oder bei einem Glas des Apfelweins, der aus Äpfeln von der hauseigenen Streuobstwiese vor Ort hergestellt wird. Zum Abschluss unseres Ausflugs wandern wir durch den Lustgarten. Unter dem dichten Baumbestand ist seit 2015 ein Skulpturenpark entstanden, der unter anderem Werke von Pierre Schumann zeigt, einem aus Heide stammenden Bildhauer.

Hoyerswort hat uns überrascht mit seinen vielfältigen Möglichkeiten. Schnell vergeht die Zeit bei einem Besuch, und man kann sogar länger bleiben in einer der Ferienwohnungen. So klein sie ist, die Insel in der Marsch, so viel hat sie zu bieten.

Ein besonderes Erlebnis ist die Führung durchs Prachtgebäude, die der Hausherr Alfred Jordy höchstpersönlich in alter spanischer Tracht veranstaltet.

39

**Nationalparkzentrum
Multimar Wattforum**
Dithmarscher Straße 6a
25832 Tönning
04861 96200
www.multimar-
wattforum.de

**Schutzstation
Wattenmeer**
Nationalparkhaus Husum
Hafenstraße 3
25813 Husum
04841 668530
www.schutzstation-
wattenmeer.de

WELTNATURERBE WATTENMEER
Nationalparkzentrum *Multimar Wattforum*

Still sitzen wir im Halbdunkel auf den Stufen eines kleinen Amphitheaters. Das einzige Licht kommt von dem hoch aufragenden Aquarium vor uns. Mit ruhigen Bewegungen schwimmen die Fische darin. Sanfte Musik und das Glucksen von Wasser lassen uns in eine Art Trance fallen, wir vergessen die Außenwelt und genießen die faszinierende Stimmung. Erst nach langen Minuten reißen wir uns voller Bedauern los.

Draußen in der Natur geht es natürlich nicht gleichermaßen idyllisch zu. Auch das Wattenmeer ist ein Biotop, in dem das Individuum ebenso wie die Arten ums Überleben kämpfen. Das *Multimar Wattforum* führt uns von der Luft mit den »Flying Five«, den fünf typischsten Vogelarten, über das Wasser mit seinen Fischen und Walen bis zum Meeresboden, wo Wattwürmer und Herzmuscheln zu Hause sind. Wie die Gezeiten die Lebewesen immer wieder zu Höchstleistungen in ihrer Anpassungsfähigkeit herausfordern, zeigen Schautafeln und Modelle. An Hörstationen lauschen wir den Geräuschen der Tiere, lassen uns etwas über die faszinierende Welt des Watts erzählen.

Neben dem großen Aquarium kann man in 35 kleineren die vielen Fischarten, aber auch Muscheln, Garnelen und Wattwürmer beobachten. Das Skelett eines Pottwals, der einst in der Nordsee strandete, bestimmt einen weiteren Ausstellungsraum. Handgreiflich darf Kind hier werden und das Skelett berühren und erkunden. Zehn begehbare Kabinen zu den heimischen Schweinswalen, aber auch zu anderen Walarten und deren Beziehung zum Menschen warten mit Walgesängen und spannenden Geschichten auf.

Am Ende unseres Besuches kehren wir noch einmal in das Amphitheater zurück und genießen das sanfte Licht und die gelassenen Bewegungen der Fische. Das neu erworbene Wissen, aber auch diese faszinierende Ruhe nehmen wir mit auf unseren Weg nach Hause.

Für den Nachwuchs bietet die Schutzstation Wattenmeer spezielle Kinderführungen ins Watt an.

ANNO 1648 DEN 25
... IST DER EHRN ...
... GROSACHTBAHR
UND WOLWEISER HER
HANS NANNE KRÄS ...
VOIGT SEINES AL-
TERS 73 IAHR SANFT
UND SELIG IM HERREN
ENTSCHLAFFEN

40

Geschlechterfriedhof
Lunden
Claus-Harms-Straße
25774 Lunden

Führungen:
Kirchengemeinde Lunden
Claus-Harms-Straße 10
25774 Lunden
04882 360
www.kirchengemeinde-
lunden.de

GESCHICHTE(N) AUF GRÄBERN
Geschlechterfriedhof

Auf einer Düne in Dithmarschen thront die St.-Laurentius-Kirche von Lunden. Die erhöhte Position verhindert, dass sie bei Fluten vom Wasser überschwemmt wird. Dies kam auch dem Friedhof der Kirche bereits zugute. Seine Gräber wurden trotz der Lage in der Flusslandschaft Eider-Treene-Sorge von Sturmfluten nicht beschädigt. Dadurch wurde zugleich ein außergewöhnlicher Teil der regionalen Historie bewahrt.

Der Friedhof wurde von den bedeutenden Bauerngeschlechtern Dithmarschens für Bestattungen ihrer Mitglieder genutzt. Die Familien stellten die Regenten des *Rates der 48er*, die von 1447 bis 1559 in der Dithmarscher Bauernrepublik unabhängig von Fürsten über das Land herrschten.

Heute existieren von den 19 belegten Grabkellern noch 13. Der größte gehörte dem Geschlecht der Nannen. Herausragend ist ein Stein, der ursprünglich an einem Kreuzweg im Lundener Moor stand, dort, wo 1537 der einflussreiche Politiker Peter Swyn ermordet wurde. Swyn wollte die Aufhebung von Blutrache und Meineid durchsetzen, der zur Unterstützung des eigenen Familienstamms üblich war. Seine erklärten Gegner waren die Russebollingmannen. Die Fehde zwischen den beiden Geschlechtern führte zum Tod von 14 Menschen, darunter auch Peter Swyn. Im Lundener Moor lauerten ihm seine Mörder auf, rissen ihn vom Pferd und erstachen ihn. Ein Relief auf dem Sühnestein erzählt von diesem Ereignis. Eine Inschrift auf Peters Grabstein bezeichnet ihn als »pater patriae«, Vater des Vaterlandes, und dokumentiert damit, welche Verehrung ihm in Dithmarschen entgegengebracht wurde.

Der Stolz und der Wohlstand der Bauerngeschlechter zeigen sich bis heute in den prachtvollen Grabsteinen und Grüften. Gut geschützt auf der kleinen Anhöhe rund um die Kirche streift der Besucher durch einen bedeutenden Teil der Geschichte Dithmarschens.

Zahlreiche Infotafeln präsentieren die Geschichten der Geschlechter. Mehr noch erfährt man über sie bei einer Kirchenführung, bei der man auch eine der Grüfte zu sehen bekommt.

ZUG UM ZUG ENTZÜCKT
Modellbahn-Zauber

Über Hinterradantrieb und Boxermotor fachsimple ich schon gerne mal. Aber das spielt sich auf der Straße ab. Heute geht es um Schienen, und da knirscht es in meinem Getriebe: Ich habe von Spurweite und H0-Nenngröße keine Ahnung.

Nichtsdestoweniger freue ich mich darauf, nach Friedrichstadt zu fahren. Dort betreibt das Ehepaar Röckendorf den *Modellbahn-Zauber*. Mit acht Jahren bekam Sönke Röckendorf seine erste Märklin geschenkt, und das Schienenfieber hat ihn nie mehr losgelassen. Es war sogar derart ansteckend, dass das Immunsystem seiner Frau Sybille ihm auch letztlich zum Opfer fiel und damit die Entscheidung, die Schauanlage zu errichten. Sie verfügt über 1,5 Kilometer langes Streckennetz mit mehr als 100 verschiedenen Zügen.

Viel Herzblut ist in die Planung und den Bau der Miniaturwelt geflossen. Ich bin begeistert davon, wie die Röckendorfs ihren Traum umgesetzt haben. Ihre Modellbahn verzaubert mich mit den selbst gefertigten Häusern und Stationen, der abwechslungsreichen Schienenführung. Stundenlang könnte ich zuschauen und mit dem Geräusch der vorbeifahrenden Züge im Hintergrund nach immer neuen liebevoll gestalteten Details suchen. Der Jahrmarkt mit dem Jungen, der eins an die Ohren kriegt, das Blumenfeld zum Selbstpflücken. Vorn schwingt ein Holzfäller seine Motorsäge und dort hinten erstreckt sich ein Gemüsegarten mit Riesenkürbissen. Besonders gut gefällt mir der schmucke Friedhof, auf dessen Gräbern sogar Grablichter funkeln. Und dann wird es plötzlich Nacht, ein Gewitter zieht herauf, ein Feuerwerk erleuchtet den Himmel – alle halbe Stunde erfolgt ein Tag- und Nachtwechsel.

Ich kann mich kaum sattsehen. Leider haben wir nicht ewig Zeit, und die Röckendorfs wollen auch irgendwann einmal Feierabend haben. Die Straße ruft und wir müssen für heute von den Schienen lassen.

Im Waggon vor der Ausstellungshalle kann man nach dem Besuch bei einem Stück Kuchen aus der eigenen Backstube der Röckendorfs noch ein bisschen Eisenbahnluft schnuppern.

42

**Kanzeluhr in der St.-Ma-
rien-Magdalenen-Kirche**
(Mai bis Erntedank)
Süderende 1
24803 Erfde

www.kirchenkreis-
schleswig-flensburg.de

DAS MASS DER ZEIT

Kanzeluhr in der St.-Marien-Magdalenen-Kirche

Außen bietet die St.-Marien-Magdalenen-Kirche zu Erfde ein schlichtes Bild mit ihren weiß gestrichenen Wänden aus großen Feldsteinen. Im Kirchenschiff wartet sie jedoch mit dem einen oder anderen überraschenden Ausstattungsstück auf.

Im Altarraum steht ein Taufbecken aus dem 13. Jahrhundert, das aus Gotland importiert wurde. Im Jahr 1635 erhielt es einen ungewöhnlichen laternenförmigen Deckel. Von der Decke hängt ein Votivschiff in Form einer holländischen Kriegsfregatte, das 1805 von Schiffern aus dem nahe gelegenen Dörfchen Tielen gestiftet wurde. Damit haben sich die Besonderheiten im Kircheninneren aber längst noch nicht erschöpft. An der dicken Feldsteinwand im vordersten Fenster fällt noch ein auf den ersten Blick unscheinbares Element auf: ein Gestell mit vier Sanduhren.

Dies ist eine Kanzeluhr, auch als Predigtuhr bezeichnet. Wer nun an eine zeitliche Überprüfung der Predigt denkt, liegt richtig. Die vier Gläser der Vorrichtung sollten dem Pfarrer, der in Schleswig-Holstein meist Pastor genannt wird, die Dauer seiner Rede anzeigen. Eine Viertel-, halbe, Dreiviertel- und ganze Stunde messen die Sanduhren jeweils. Nach 60 Minuten hatte der Pastor fertig zu sein, die Leute sollten wieder an die Arbeit gehen. Mancherorts ermittelte man auch die Arbeitszeit des Kirchenmannes, denn er hatte für sein Geld die entsprechende Leistung zu bringen.

Solche Uhren waren in protestantischen Kirchen, wo beim Gottesdienst die Predigt im Gegensatz zu katholischen Messen im Mittelpunkt stand, je nach Gegend empfohlen oder sogar vorgeschrieben. Ab dem 19. Jahrhundert wurden sie schließlich als überholt angesehen und aus den meisten Gotteshäusern entfernt. So beherbergt St. Marien-Magdalenen zu Erfde eine der wenigen Kanzeluhren an ihrem Originalstandort. Schlicht überraschend.

Wer Spaß an lustigen Ortsnamen hat, ist in der Gegend um Erfde richtig: Hohn, Oha, Ekel und Scheppern lassen sich schwarz auf gelb fotografieren.

43

Hebbel-Museum
Österstraße 6
25764 Wesselburen
04833 4190
www.hebbel-museum.de

**Historische
Stadtführungen**
Tourist-Information
Am Markt 5
25764 Wesselburen
04833 4101
www.wesselburen.de

DENKMAL FÜR EINEN DICHTER
Hebbel-Museum

Klaus Groth, der große niederdeutsche Dichter, ließ ihm im Jahr 1887 ein Denkmal setzen: Friedrich Hebbel, dem anderen bedeutenden Schriftsteller des 19. Jahrhunderts aus Dithmarschen. Die Büste steht in Hebbels Geburtsort Wesselburen an der Süderstraße. Die Verbundenheit der Wesselburener mit »ihrem« Dichter manifestiert sich in einem kleinen Museum im Zentrum des Städtchens.

Mit einer abwechslungsreichen Ausstellung widmet es sich Hebbels Lebens- und Schaffensgeschichte. Zu seiner Zeit war das Gebäude das Wohn- und Arbeitshaus des Kirchspielvogts Johann Jacob Mohr, bei dem Hebbel mit 15 Jahren zunächst eine Stelle als Laufbursche fand. Er kam aus prekären Verhältnissen, Hunger und Not waren ihm nur allzu bekannt. Für den Jungen bedeutete die Arbeit beim Vogt nicht nur deshalb einen Glücksfall. Mohr verfügte über eine umfangreiche Bibliothek, die der junge Dichter nutzen durfte. Nach zwei Jahren übernahm ihn sein Lohnherr als Schreiber, und diese Tätigkeit führte er bis zu seinem Weggang aus Wesselburen im Jahr 1835 aus.

Im Museum taucht man in sein Leben in der Vogtei ein, denn neben seiner Schlafstätte, einem Alkoven unter der Treppe, den er mit dem Kutscher teilte, ist auch die Schreiberstube samt Schreibutensilien, Tisch, Stuhl und Feuerlöscheimer originalgetreu erhalten. In anderen Räumen folgt man Hebbel zu seinen späteren Stationen in Hamburg und schließlich Wien, wo er endlich zu Wohlstand kam. Wertvolle Ausstellungsstücke wie Handschriften des Dichters, Gemälde und Stiche seiner Freunde und Familie und seine Totenmaske sind zu bestaunen.

Hebbel war froh, schlussendlich seiner Heimat entfliehen zu können, und ist nie wieder nach Wesselburen zurückgekehrt. Aber die Menschen haben ihn nicht vergessen und ihm mit dem Museum ein weiteres stattliches Denkmal gesetzt.

Über Hebbel, aber auch über Wesselburens Geschichte und die Bauerngeschlechter Dithmarschens erzählt Ruth Arnold – fotogen in Originaltracht – auf ihren historischen Stadtführungen.

...eidestraße der Firma Gravenhorst in Marne • in Betrieb von 1

Strunkbohrer

44

Kohlosseum
Bahnhofstraße 20
25764 Wesselburen
04833 45890
www.kohlosseum.de

Informationen Dithmar-
scher Kohltage:
**Dithmarschen
Tourismus e.V.**
Markt 10
25746 Heide
0481 2122555
www.echt-dithmarschen.de

MIT KOHLKÖPFCHEN
Museum *Kohlosseum*

Ein ganzes Museum nur über Kohl? Ja gut, es gibt Weißkohl, Grünkohl, Blumenkohl und gefühlte 100 weitere Sorten. An Kohlköpfen
vorbeizuflanieren, das mache ich allerdings im Supermarkt, nicht in
einer Ausstellung!

Dass meine Vorstellung von Vorurteilen geprägt ist, bemerke ich
unmittelbar, nachdem ich das *KOHLosseum* betrete. Zwischen alten
Holzbalken erzählen die verschiedensten Ackergeräte faszinierende
Geschichten vom Anbau des Hackgemüses, wie die Homann'sche
Pflanzmaschine, mit der einst Löcher für die Pflanzen in den Boden
gestanzt wurden. Auf einer originalen Kohlschneidestraße samt so etwas Kuriosem, aber Nützlichem wie einem Strunkbohrer kann man
das Schicksal des Weißkohls auf seinem Weg zum Sauerkraut verfolgen.

Dass Dithmarschen das größte zusammenhängende Anbauge-
biet in Europa ist, das habe ich schon gehört. Nicht umsonst nennen
die nicht aus dem Landstrich stammenden Schleswig-Holsteiner die
Dithmarscher scherzhaft »Kohlköppe«. Neu ist mir aber, dass sich das
Gemüse erst um 1900 in der Landwirtschaft durchsetzte, als die bis
dahin vorherrschende Kultivierung von Zuckerrüben sich ob der Konkurrenz des billigeren Rohrzuckers nicht mehr lohnte. Die Marschen
in der Gegend erwiesen sich darüber hinaus als idealer Boden, denn
Qualität der Erde und Grundwasserspiegel sind sehr hoch. Im Gegensatz zu den Touristen liebt der Kohl zudem den Regen, der im Juli und
August in großen Mengen vom Himmel fällt. Die Freude an der Nähe
der Region zur See teilen sich das Gemüse und die Gäste wiederum.
Die salzige Luft hilft den Pflanzen, gegen Schädlinge zu bestehen.

Über Kohl, das weiß ich nun, gibt es wahrlich Spannenderes zu
wissen als allein die Namen der Sorten und deren Preise im Supermarkt. In Zukunft werde ich beim Zubereiten in der Küche viel mehr
in meinem Kohlkopf haben.

Im September werden die Dithmarscher Kohltage mit Markt- und
Stadtfesten gefeiert. Botschafter sind die zwei Kohlregentinnen –
nicht Königinnen, denn Dithmarschen war Bauernrepublik!

45

Phänomania Büsum
Dr.-Martin-Bahr-Straße 7
25761 Büsum
04834 965517
www.phaenomania-
buesum.de

Museum am Meer
Am Fischereihafen 19
25761 Büsum
04834 6734
www.museum-am-meer.de

ERFASSEN UND BEGREIFEN
Erlebniszentrum Phänomania

»Nur ein Narr macht keine Experimente.« Dieses Zitat von Charles Darwin begrüßt uns neben Sprüchen von Kant und Kepler am Anfang des Rundgangs durch die *Phänomania*. Dabei greift die Bezeichnung »Rundgang« viel zu kurz, denn wir gehen zwar durch die Ausstellung, aber ihr Sinn liegt darin, immer wieder Hand anzulegen und den eigenen Grips anzustrengen.

Mit mehr als 200 kleinen und großen Exponaten experimentieren wir uns durch die Welt der Physik und der menschlichen Sinne. Wie Superman lassen wir einen Trabi vom Boden abheben. Ganz leicht geht das. Natürlich mit einem Trick – nein, mit Wissen. Denn wir betätigen einen einfachen Hebelarm. Sieht trotzdem spektakulär aus. Nicht mit Lungenkraft, aber mit Köpfchen kann man auch aus mehreren Metern Entfernung eine Kerze auspusten. Dazu hauen wir einfach kräftig auf die Pauke, im wahrsten Sinne des Wortes. Die erzeugten Schallwellen sind stark genug, um die Flamme zu löschen. Dies bleibt mein Lieblingsexperiment. Es hat nicht nur eine faszinierende Erklärung, es ist auch schön laut. Überhaupt herrscht ein enormer Geräuschpegel in der Halle mit den großen Versuchsanordnungen. Es scheppert, es klappert, es klirrt. Lärm machen erlaubt, und dabei lernt man noch. Einfach perfekt! Zum Lachen bringt uns der Verzerrspiegel. Auf seinen gebogenen Flächen erscheinen wir gestaucht, breit wie hoch, langbeinig oder gar kopflos. Der Kopf wird wohl gerade auf dem Silberteller serviert. Das zumindest macht uns eine Kabine mit Spiegeltisch weis. Köstlich!

»Die Hand ist das äußere Gehirn des Menschen«, sagt Immanuel Kant. Unsere Hände haben viel angefasst und ergriffen. So viele Informationen zu erfassen und zu begreifen, dass unsere Hirne ein wenig erschöpft sind. Physik ist keine Zauberei, das wissen wir jetzt. Und schon gar nicht langweilig.

Im Museum am Meer erfährt man alles über die Küstenfischerei und kann selbst im Steuerhaus eines Kutters stehen.

46

Historischer Ortskern
Startpunkt: Hafenstraße 17
25797 Wöhrden
www.woehrden-online.de
www.kulturpfad-
woehrden.de

**Landhotel Gasthof
Oldenwöhrden**
Große Straße 17
25797 Wöhrden
04839 95310
www.oldenwoehrden.de

DORF MIT STADTKERN
Historisches Ortszentrum

Auf einem kleinen Parkplatz in Wöhrden stellen wir unser Auto ab, um uns den historischen Stadtkern des nicht einmal 1.300 Seelen zählenden Dorfes anzusehen. Das klingt nach einem Widerspruch. Es ist einer, der sich erst mit der Zeit entwickelt hat. Wöhrden war früher eine regional bedeutende Hafenstadt.

Bis ins 16. Jahrhundert befand sich die Gemeinde auf einer Insel, einer Wurt, daher auch der Name. Heute liegt die Küste zehn Kilometer entfernt. In Dithmarschen ist immer viel Land der See abgetrotzt worden und meist war das gut für den Wohlstand. Für manche Orte, so auch für Wöhrden, läutete dies allerdings den Niedergang ein. Trotzdem hat das Dorf heute einiges zu bieten. Das Haus mit der Nummer 17 in der Hafenstraße ist das älteste in ganz Dithmarschen. Im Jahre 1559 wurde es als Speicher gebaut. Daneben schließt sich der Hof Peters an, dessen Rokoko-Front unverändert erhalten ist. Ein anderes Gebäude, das ebenfalls die Nummer 17 trägt, aber in der Großen Straße steht, ist das Landhotel *Gasthof Oldenwöhrden*. Es stammt vom Anfang des 20. Jahrhunderts. Sein Vorgänger wurde 1914 abgerissen, zum Glück erhielt man jedoch das beeindruckende Sandsteinportal aus dem Jahr 1634, das heute noch das Hotel ziert. Durch den historischen Ortskern, dessen Straßenführung sich seit Jahrhunderten nicht verändert hat, schlängelt sich der *Kulturpfad* mit mehreren Stationen. Ihm folgend passieren wir die Alte Post und die Kirchspielschreiberei und gelangen zu einem Park, dessen Existenz in einem derart beschaulichen Ort durchaus unerwartet ist.

Wöhrden besitzt einen eigenen Charme. Wenige Menschen sieht man zwischen den alten Häusern. An der Ringstraße, die um die Kirche verläuft, sitzen Anwohner vor einem winzigen Supermarkt, dem »Dörpsloden« in der Sonne. Im Vorbeigehen tauschen wir ein fröhliches »Moin«.

Das Landhotel *Gasthof Oldenwöhrden* hat neben seinem wunderschönen Sandsteinportal eine gepflegte Speisekarte mit leckeren Gerichten zu bieten.

47

Marktplatz
25746 Heide
www.heide.de

Brahmshaus
Lüttenheid 34
25746 Heide
0481 6837162
www.museum.de/museen/
brahms-haus-heide
www.brahms-sh.de/
brahmshaus

WAHRE GRÖSSE
Marktplatz

Wer hat den Größten? Über diese Frage entbrennt immer wieder Streit, so wie zwischen Heide in Dithmarschen und Freudenstadt im Schwarzwald. In diesem Fall geht es um den Marktplatz. Man einigte sich, dass sich die süddeutsche Gemeinde zwar landesweit mit dem größten bebauten rühmen darf, Heide aber über den mit der weitläufigsten unbebauten Fläche verfügt.

Auf dem Heider Marktplatz haben sich einschneidende Ereignisse der Dithmarscher Historie abgespielt. Während der Dithmarscher Bauernrepublik (1227–1559) hielten die 48 Regenten und die Abgeordneten der Kirchspiele hier ihre Versammlungen ab. Bis zu 12.000 wehrfähige Männer wohnten den samstäglichen Treffen bei, bei denen politische Entscheidungen getroffen und Gerichtsurteile gefällt wurden. Im Jahre 1447 wurden hier das Dithmarscher Landrecht und der Heider Marktfrieden ausgerufen. Damit wurde allen Kaufleuten garantiert, seien sie aus der Gegend oder aus anderen Regionen, dass sie in Frieden ihren Handel betreiben konnten. Noch heute erinnert das Volksfest *Heider Marktfrieden* alle zwei Jahre an dieses bedeutende Ereignis.

Ein anderes Fest wird jährlich im Februar von den Eggen veranstaltet. Die Eggen waren im Mittelalter als Feldgemeinschaften entstanden, die von einem gewählten Eggenvorsteher verwaltet wurden. Seit 1700 bestehen nur mehr drei, heute sind sie schlicht Gemeinschaften. Seit 1841 richten sie das *Hohnbeer* aus, um die gegenseitige Verbundenheit und die plattdeutsche Sprache zu feiern. Der Hahn (»Hohn«), der die Freiheit und die Fruchtbarkeit symbolisiert, ist der Namensgeber dieses Fests (»Beer«).

Wessen Marktplatz die Nase vorn hat, ist doch klar: In Heide passt definitiv mehr drauf, weil nichts draufsteht. Sechseinhalb Fußballfelder zum Beispiel. Oder 12.000 Menschen. Oder bedeutsame geschichtliche Ereignisse.

Auf musikalischen Spuren wandelt man bei einem Besuch im Brahmshaus. Es ist das Stammhaus der Familie Brahms und das nördlichste Musikzentrum Deutschlands.

48

Rosengasse Heide
Friedrichstraße 22
25746 Heide
0481 683005
www.rosengasse-heide.de

Klaus-Groth-Museum
Lüttenheid 48
25746 Heide
0481 63742
www.heide.de/bildung-
kultur/museumsinsel.html

WIRTSCHAFT FÜR ALLE BEDÜRFNISSE
Restaurant und Musikkneipe *Rosengasse Heide*

Beim Bummel auf der Friedrichstraße in Heide stolpern wir über in eine Steinplatte eingravierte Buchstaben. »Rosengasse« steht dort. Als wir den Blick heben, sehen wir mehrere Schilder, die auf eine Schank- und Speisewirtschaft und eine große Sonnenterrasse mit Biergarten im Innenhof verweisen.

Da wir nach unserem Spaziergang durch die Stadt durchaus Bierdurst haben, treten wir ein. Ein offener Durchgang führt uns in einen Innenhof. Rosen, das sehen wir sofort, sind an diesem Ort tatsächlich Programm. Wunderschöne Stammrosen über einem Bogen und an den Wänden begrüßen uns. Geradeaus informieren zwei weitere Schilder darüber, dass es linker Hand zum Restaurant und rechter Hand zu Café, Kneipe und Kultur geht. Gastlichkeit und gutes Essen versprechen sie uns außerdem. Wir bestellen das ersehnte Bier und setzen uns in den Hof, denn das Wetter ist schön. Erstaunt sehen wir uns um, entdecken neben den wunderschönen Rosen allerhand größeren und kleineren Kram, Gesammeltes, das in jeder Ecke, an jeder Wand und auf den Simsen liebevoll drapiert ist. Ein gusseiserner Herd ächzt unter Kürbis, Kohl und diversen Gefäßen, eine alte Mangel dekorieren Bierflaschen, überall sprießen Blumen aus Töpfen oder Kästen, eigentlich aus allen möglichen Behältern, die dafür geeignet sind. Im Hintergrund spannt sich eine Wäscheleine, an der Wäsche von vor 100 Jahren hängt.

Eine gefühlte Ewigkeit sitzen wir einfach da, nippen an unserem Bier und fühlen uns wie in einem außergewöhnlichen Museum. Bis zum Abend bleiben wir einfach in der Rosengasse. Unseren aufkommenden Hunger stillen wir auf der einen Seite des Hofes im Restaurant *Carpe Diem,* ehe wir für die Spätunterhaltung auf die andere Seite in die Musikkneipe *Destille* wechseln. Eine geniale Gestaltung eines bequemen Tages!

Damit der Urlaubstag nicht zu faul wird, lohnt sich ein Gang in eine echte Ausstellung: ins Klaus-Groth-Museum im Geburtshaus des niederdeutschen Dichters.

49

Fünffingerlinde
Riesewohld 1
25767 Arkebek
54°8'58.04"N, 9°13'12.25"E

DIE HAND ZUM SCHWUR ERHOBEN
Fünffingerlinde

Tot liegt das Mädchen im Wald, der Vater und die Männer aus seinem Dorf stehen verzweifelt zwischen den Bäumen. Da stolpert ein armer Student herbei, der in Furcht vor einem Überfall sich gleich wieder zur Flucht wendet. Die Männer packen ihn, überzeugt, er sei der Mörder. Zum Schwur der Unschuld hebt der arme Teufel die Hand, vor Angst die linke. Als göttlicher Beweis seiner Schuld wird das verstanden und der junge Mann erhängt. Mit seinen letzten Worten verkündet er, dass eine Hand zum Zeichen seiner Unschuld aus seinem Grab wachsen werde. Seitdem erhebt sich an der Stelle eine fünfgliedrige Linde.

Der Baum, von dem die Sage handelt, steht mitten im Riesewohld, einem Naturschutzgebiet in Dithmarschen. Wie die Finger einer Hand, die zum Schwur erhoben ist, strecken sich seine fünf Stämme gen Himmel.

Die Fünffingerlinde gehört zu den Winterlinden, die in den Wäldern Schleswig-Holsteins und des norddeutschen Flachlands äußerst selten geworden sind. Vor etwa 2.000 Jahren begann ihre Verdrängung durch die Buche. Im Riesewohld hat sich mit ungefähr 500 Bäumen ein recht großer Bestand erhalten. Traditionell wurde der Forst von Bauern bewirtschaftet, die ihren jeweiligen Abschnitt individuell kultivierten. Ohne einen einheitlichen Plan der Nutzung haben sich teilweise urwüchsige Waldstücke erhalten, die den ursprünglichen, längst verschwundenen Auwäldern ähnlich sind. Auch die Fünffingerlinde, der älteste Baum im Riesewohld, verdankt diesem Umstand sein Überleben. Oder doch dem göttlichen Eingreifen in das menschliche Schicksal?

Mit Sagen ist das so eine Sache. Man kann ja nicht alles glauben. Ein Fünkchen Wahrheit liegt womöglich aber doch in der Geschichte. Die Hand im Wald, der Baum mit den fünf Fingern, wuchs aus dem Boden. Aus welchem Samen er entstand – wer meint, dass er es sagen kann?

Alles Wissenswerte über den Riesewohld erfährt man an einer Infostation, die sich auf halber Strecke zwischen dem Pfad, der am Landweg beginnt, und der Linde befindet.

50

**Steinzeitpark
Dithmarschen**
(April–Oktober)
Süderstraße 47
25767 Albersdorf
04835 2137613
www.steinzeitpark-
dithmarschen.de

ZEITSPRUNG
Steinzeitpark Dithmarschen

»Gestatten, ich bin Lotta, das Steinzeitmädchen. Folgt mir, dann zeige ich Euch, wie Eure Vorfahren vor 5.000 Jahren gelebt haben.«

Die Figur der kleinen Lotta führt spielerisch Kinder durch den Steinzeitpark Dithmarschen. Doch der Park macht nicht nur den Nachwuchs froh, er ist für Erwachsene ebenso interessant. 14 Bauten veranschaulichen den Alltag unserer Vorfahren. Einzelne Häuser, Gräber und Hütten aus Norddeutschland sind wieder aufgestellt worden mithilfe von Spuren, die Grundrisse und Pfähle der einstigen Gebäude wie Fußabdrücke im Boden hinterlassen haben. Liebevoll wurden sie ausgestattet, wie sie in jenen frühen Tagen von den Bewohnern eingerichtet gewesen sein mögen. Felle auf schmalen Bettstätten, Werkzeuge, Platz für das Vieh.

Bei vielen Mitmachaktionen lernt Jung und Alt, wie man mit Flintsteinen Feuer macht, wie damals Brot gebacken wurde, wie es sich mit einem einfachen Bogen schießt. Auch Schmuck und Messer aus Flintsteinen herzustellen, kann in den reetgedeckten Häusern geübt werden. Im angrenzenden Freigelände warten neun originale steinzeitliche Kulturdenkmäler auf die Besucher. Man taucht ein in eine Kulturlandschaft aus der Ära, in der die ersten Bauern ihre Äcker bestellten und Rinder, Schafe und Ziegen zu züchten begannen. Alte Haustierrassen beleben die 40 Hektar große, authentisch entwickelte Kulturlandschaft unserer Vorfahren.

Mit einer eigenen Karte für die Kleinen geleitet Lotta die Kinder über das Gelände, und sie erzählt unterhaltsame Geschichten. Erwachsene werden bei einer Audio-Führung informiert, und Tafeln erklären jedermann die Hintergründe der einzelnen Bauten. Auf diese Weise entdecken Jung und Alt hautnah, wie die ersten Bauern in der Steinzeit ihren Alltag bestritten.

Eine Nacht wie ein Mensch der Steinzeit erleben, im Schein der Taschenlampe Kultstätten und die alten Häuser durchstreifen, das kann man bei einer Übernachtung im Steinzeitpark.

WAHR DI
GARR
DE BUR DE
KUMT

51

Dusenddüwelswarf
Dehling
25704 Epenwöhrden

**Dithmarscher
Landesmuseum**
Bütjestraße 2–4
25704 Meldorf
04832 60 00 60
www.landesmuseum-
dithmarschen.de

EIN MO(NU)MENT DER GESCHICHTE
Landesdenkmal *Dusenddüwelswarf*

Tausend-Teufels-Warft, das ist ein passender Name für den Standort eines Denkmals, das an eine blutige Schlacht erinnert. Auf der Dusenddüwelswarf erhebt sich eine monumentale Anlage mit einer Art Bergfried in der Mitte, der von Mauern mit Zinnen und stilisierten Schießscharten umgeben ist. Gekrönt wird der aus vier gemauerten Säulen bestehende »Wehrturm« von einem riesigen Findling.

Im Jahr 1900, zum 400. Jahrestag der Schlacht bei Hemmingstedt, wurde das Denkmal eingeweiht. Es steht für den Sieg der Dithmarscher über das 12.000-Mann-starke Heer der holsteinischen Herzöge Friedrich und Johann. Letzterer war gleichzeitig dänischer König. Die in Kirchspiele unterteilte Bauernrepublik Dithmarschen ignorierte ihre offizielle Hoheit, den Erzbischof zu Bremen, so effektiv, dass sie über ihre eigenen Geschicke bestimmte. Dieses »herrenlose« Land wollten die Holsteiner endlich erobern. Bei Hemmingstedt gelang den 3.000 bis 4.000 Bauern jedoch ein vernichtender Triumph über die zahlenmäßig weit überlegene gegnerische Armee. Mit ihren Kenntnissen der landschaftlichen Gegebenheiten in der Marsch waren sie weit wendiger – mit Stäben sprang man alltäglich über die allgegenwärtigen Wassergräben –, und sie setzten das Meer als Verbündeten ein, indem sie die Deiche bei Flut öffneten und dadurch das Land unter Wasser setzten. Die gewonnene Schlacht verhalf ihnen zu fast 60 weiteren Jahren Souveränität.

Ein Denkmal für einen Sieg, selbst eines der Freiheit, ist aber immer auch ein Mahnmal für einen vorausgegangenen Kampf. Mit seinem Namen scheint das Monument daher auch der Tausenden armer Teufel zu gedenken, die im Kampf ihr Leben gelassen haben.

Mehr zur sogenannten Bauernrepublik von 1227 bis 1559 und zur regionalen Geschichte erfahren Besucher im Dithmarscher Landesmuseum in Meldorf.

52

St.-Johannis-Kirche
Nordermarkt 1
25704 Meldorf
04832 6740
www.kirche-meldorf.de/
meldorfer-dom

DER DOM DER DITHMARSCHER
St.-Johannis-Kirche

Bereits von Weitem werden wir vom Meldorfer Dom begrüßt, als wir auf die Stadt zu fahren. Beeindruckend überragt der gewaltige Bau die Dächer Meldorfs.

In der zweiten Hälfte des 13. Jahrhunderts errichtet, ist die St.-Johannis-Kirche – so der offizielle Name – ein eindrucksvolles Zeugnis des Wohlstands, aber vor allem auch des Stolzes und des Selbstbewusstseins der Dithmarscher. Im Jahr 1227 hatten sie die Bauernrepublik ausgerufen und regierten ihr Gebiet fortan unabhängig von den Landesfürsten. Der Sakralbau in Meldorf ist die größte Kirche der Region.

Anfang des 9. Jahrhunderts wurde an dem Standort im Zuge der Christianisierung das erste Gotteshaus durch Karl den Großen errichtet, an den Dithmarschen 798 gefallen war. Auf einer Geestzunge, die in die Nordsee ragte, stand es damals noch an der Küste. Durch Landgewinnung trotzten die Menschen dem Meer so viel Boden ab, dass es heute etwa sechs Kilometer vom Meer entfernt liegt.

Als die Bauern den heutigen Bau errichteten, fiel die Wahl auf die Form einer Basilika mit drei Schiffen, Querschiff und Chor. Der Innenraum ist original im gotischen Stil erhalten, während sich das Äußere der Kirche im neugotischen Stil des 19. Jahrhunderts präsentiert. Den Reichtum der Bauernrepublik belegen der geschnitzte Altar aus spätgotischer Zeit, das ebenfalls geschnitzte Chorgitter und die Gemälde im Querhausgewölbe, die als einzigartig in Deutschland gelten. Im Dom hielten die Regenten der Dithmarscher Kirchspiele, die in der Bauernrepublik die politischen Entscheidungen trafen, ihre Versammlungen ab.

Den »Dom der Dithmarscher« nennen die Landsleute stolz ihre St.-Johannis-Kirche. Mit ihm setzten die Bauern ein weithin sichtbares Zeichen, dem auch wir heute noch mit Staunen zustreben.

Regelmäßig werden Konzerte auf der im Jahre 1977 vom dänischen Orgelbauer Marcussen errichteten Orgel dargeboten.

53

Bronzefigur De Utroper
Rathaus
Am Markt 15
24594 Hohenwestedt

**Bronzeskulptur
Ochsentränke**
Ecke Lindenstraße/
Wilhelmstraße
24594 Hohenwestedt

»BIMMELIMMELIMM« — DIE NACHRICHTEN!
Bronzefigur *De Utroper* am Rathaus

Auf den Stufen des Hohenwestedter Rathauses steht ein Mann aus Bronze. Schlank ist er, und er hält sich äußerst gerade. Seinen Kopf ziert eine amtlich aussehende Mütze. Mit der rechten Hand hält er eine Glocke hoch, mit der linken sich ein Blatt Papier vor die Nase.

Auch in den Zeiten vor Fernseher und Radio, Handy und Internet mussten die Menschen über offizielle Vorgänge informiert werden. Dafür sorgte der Gemeindediener. Mussten Nachrichten verkündet werden, setzte er die Mütze auf und verließ die Amtsstube. An markanter Stelle baute er sich auf und läutete lautstark seine Glocke, bis die Bürger aus den nahe gelegenen Häusern herbeikamen. Nun verlas er mit kräftiger Stimme, was auch immer zu verlesen war: den Termin der nächsten Gemeinderatssitzung, die Zahlung von Grundsteuern, Einladungen zu Bürgerversammlungen. Auch Feuerwehrübungen kündigte er an, warnte vor Tierseuchen und Gefahren und machte auf Veranstaltungen aufmerksam. War er mit den Verlautbarungen auf seinem Zettel fertig, grüßte er streng und ging seines Wegs, um am nächsten günstigen Punkt alles erneut vorzutragen. So arbeitete er sich durch die Gemeinde, bis die gesamte Bevölkerung auf dem neuesten Stand war.

De Utroper nennt sich die Statue. Auf Hochdeutsch heißt das »Ausrufer«. Sie wurde 1991 von Siegfried Assmann geschaffen und trägt die Züge von Johannes Kruse, des letzten »Utropers« in Hohenwestedt. Bis in die 1930er-Jahre tat er seinen Dienst. Sein Antlitz ist von einem Foto im Heimatmuseum bekannt. Schwungvoll hebt er nun für alle Zeiten die Glocke, setzt zur Verkündigung an – welcher Neuigkeiten, das werden wir nie erfahren. Und auf den Zettel zu spicken, lohnt sich nicht, denn der norddeutsche Regen hat die Tinte längst verlaufen lassen.

Ein anderes Bronzewerk von Siegfried Assmann, die *Ochsentränke*, erinnert an den Ochsenweg, der durch Hohenwestedt führte.

54

Wildpark Eekholt
Stellbrooker Weg
24598 Heidmühlen
04327 99230
www.wildpark-eekholt.de

IM HEIMISCHEN WALD
Wildpark Eekholt

Voller Vorfreude betrete ich den Wildpark Eekholt. Besuchen werde ich keine exotischen, sondern heimische Wildarten. Die sind nämlich genauso interessant, und viele sieht man in freier Wildbahn nie, weil sie sich viel zu gut verstecken oder sie nur an wenigen Orten überleben können.

Unter unseren heimischen Tierarten habe ich, wie vermutlich alle anderen auch, meine Favoriten. Da sind zunächst die Eichhörnchen. Sie sind zwar nicht selten und bewohnen auch städtische Grünflächen und Friedhöfe, aber sie faszinieren mich mit ihrem rasanten Lauf von Baum zu Baum. Im Wildpark leben sie frei, die Anlage ist für sie ein Paradies. Einer Infotafel entnehme ich, dass sie Krähennester gerne zu ihrem Bau, dem Kobel, umstrukturieren. Nun verstehe ich den Kampf eines Eichhörnchens mit einer Krähe um ein Nest im Baum vor meinem Fenster, den ich vor Jahren einmal beobachtet habe. Es war schon spektakulär, wie der Nager sich flach an den Stamm drückte, während der Vogel seine Angriffe flog. Gewonnen hat übrigens das Eichhörnchen!

Mein zweiter Favorit ist der Fischotter. Ihn habe ich noch nie in freier Natur beobachten können. Im Wildpark habe ich heute jedoch Glück. Das Otterpaar Naomi und Gonzo ist an diesem Tag besonders aktiv, und so kann ich lange zuschauen, wie die zwei toben, sich wälzen und ihr Fell pflegen. Auch viele der Rot- und Sikahirsche lassen sich gut aus der Nähe betrachten und posieren vor meiner Kamera. Dass in unseren Gefilden auch einmal Blesshirsche lebten, war mir nicht bekannt. Kein Wunder, sind sie doch in freier Wildbahn nahezu ausgestorben.

Stundenlang spaziere ich über das Gelände, genieße die würzige Waldluft und entdecke immer neue Tierarten. Nur der Eisvogel an dem kleinen See am Ende des Parks macht sich rar. Aber irgendwann sehe ich auch ihn noch. Ich komme einfach wieder!

Die Schaufütterung der Eichhörnchen stellt ein Tier vor, das selten bei solchen Vorführungen im Mittelpunkt steht.

Luisenberger Turm
Lindenstraße
Gegenüber Hausnum-
mer 94
25548 Kellinghusen
www.holstein-tourismus.de

Gebrüder Kobel GmbH
Hauptstraße 42
25548 Kellinghusen
04822 3786090
www.kobelleder.de

SCHÖNE AUSSICHTEN
Luisenberger Turm

Drei Türme prägen die Stadt Kellinghusen im Kreis Steinburg. Da ist zunächst der des Rathauses, nicht sehr hoch, aber markant mit seinem geschwungenen Dach und den beiden Fensterreihen samt Balustrade. Der zweite gehört zur im 12. Jahrhundert gegründeten St.-Cyriacus-Kirche. Während diese beiden zu Gebäuden von gemeinschaftlichem Nutzen gehören, dient der Luisenberger Turm, der dritte im Bunde, ausschließlich dem Vergnügen.

Bis zu 35 Meter hoch über der Stör erhebt sich die Endmoräne, die Lieth genannt, auf der Kellinghusen genau zwischen Marsch und Geest entstanden ist. Auf einer solchen Erhebung zwingt sich ein Aussichtsturm geradezu auf. Diese Art Bauwerk kam Ende des 18. Jahrhunderts in Mode und wurde meist von Adligen errichtet. Auf dem Luisenberger Turm eröffnet sich eine weite Sicht über das Tal der Stör. Im Jahr 1858 wurde er in seiner heutigen Form in neugotischem Stil gebaut, nachdem sein hölzerner Vorgänger abgerissen worden war. Errichtet wurde er von der Familie Ross. Edward Ross war Anfang des 19. Jahrhunderts aus Schottland eingewandert und hatte 1822 das Gut Luisenberg von der Familie zu Rantzau gekauft. Das klassizistisch gestaltete Wohnhaus des Gutes nördlich des Turms hatte Graf Hans Heinrich zu Rantzau im Jahr 1804 gebaut. Das Gut nannte er nach seiner Gattin Louise.

Anfang unseres Jahrhunderts war der Luisenberger Turm gesperrt, denn der Zustand der Treppenstufen machte den Aufstieg zu einem gefährlichen Unternehmen. Seit 2009 ist er wieder zugänglich. Am Beginn der Restaurierungsarbeiten stand die Sammlung von Spenden durch eine Flohmarktaktion – klein begonnen, geht es nun wieder über 85 Stufen auf die Aussichtsplattform in 22 Metern Höhe. Rein zum Vergnügen.

In ihrer Fabrik gerbt die Familie Kobel Leder auf aufwendige, traditionelle Weise. Das Leder wird unter anderem im Reit- und Fahrsport, für Taschen, aber auch für Kuhglockenriemen verwendet.

56

**Stadtmuseum
Kellinghusen**
Hauptstraße 18
25548 Kellinghusen
04822 376210
www.kellinghusen.de

St.-Annen-Museum
St.-Annen-Straße 15
23552 Lübeck
0451 1224137
www.st-annen-museum.de

VON TON UND SCHERBEN
Stadtmuseum

In einem kleinen Museum im Bürgerhaus der Stadt Kellinghusen sto-ße ich auf eine besondere Ausstellung. Fliesen und Geschirr aus Fa-yence, auch ein alter Kachelofen sind zu bewundern.

Fayencen sind Keramiken, die im Gegensatz zum teuren Por-zellan günstiger produziert werden konnten. Da der verwendete Ton nicht weiß brennt, wurde er mit einer zinnhaltigen Glasur versehen und erhielt so seine weiße Farbe. 100 Jahre lang bestimmten Fayence-Manufakturen die Wirtschaft Kellinghusens. Während die Keramik-fertigung bereits Ende des 18. Jahrhunderts an Bedeutung verlor, weil in England hergestelltes Steingut billiger und auch Porzellan nicht mehr nur für reiche Leute erschwinglich war, wurde die letzte Kel-linghusener Manufaktur erst 1860 geschlossen. Den Fabrikanten in der Stadt war es gelungen, rechtzeitig von raren Einzelstücken auf qualitätsvolle Massenware umzusteigen.

Für das Geschirr aus Kellinghusen ist ein gelb bemalter Rand typisch. Die Mitte der Teller zieren häufig Blumensträuße, aber auch Tiermotive waren beliebt. Neben dieser Gebrauchsware sind im Mu-seum auch kuriose Stücke ausgestellt wie eine Kaffeekanne in Form eines sitzenden Türken, ein Satyrkopf als Sahnegießer und ein Ta-schenuhrhalter, der im Vergleich zur geringen Größe einer solchen Uhr fast überdimensional wirkt.

Heute ist im Stadtbild Kellinghusens vom Keramikstandort nichts mehr zu sehen. Die Manufakturen sind anderen Gebäuden ge-wichen. Noch immer aber existieren im Verborgenen unzählige Scher-ben. Ausschussmaterial der Produktion wurde in Gruben geworfen und als Füllmaterial an Fundamenten verwendet, Straßen mit den nutzlosen Stücken ausgebessert. Man könnte fast sagen, Kellinghusen ist auf Scherben gebaut.

Das St.-Annen-Museum in Lübeck stellt eine Sammlung norddeut-scher Fayencen der Manufakturen aus Stockelsdorf, Kellinghusen und Stralsund aus.

57

Lockstedter Lageruhr
Breite Straße 4
25551 Hohenlockstedt

Museum am Wasserturm
Am Wasserturm 4a
25551 Hohenlockstedt
04826 370042
www.hohenlockstedt-
museum.de

MILITÄRISCHE VERGANGENHEIT
Lageruhr

Seit 1998 steht eine rekonstruierte Uhr von über drei Metern Höhe an der Breiten Straße in Hohenlockstedt. Eigentlich sieht sie ganz zivil aus mit ihrem Fachwerk und dem Giebeldach. Dabei zeugt sie von dunkleren Zeiten des Ortes.

Aufgestellt wurde das Original 1912 an der Kreuzung von Helgolandstraße und der heutigen Finnischen Allee. Es stand auf dem Gelände des Gutsbezirks Lockstedter Lagers, das 1870 als Truppenübungsplatz eingerichtet worden war. Ab 1915 wurden dort neben jährlich 150.000 Schleswig-Holsteinern finnische Kriegsfreiwillige ausgebildet, die »Finnischen Jäger«. Im Deutschen Reich versprach man sich davon eine Stärkung der skandinavischen Freiheitskämpfer gegen Russland und damit eine Schwächung des Zarenreichs. Noch heute besteht zwischen den Nordeuropäern und Hohenlockstedt eine enge Beziehung. Der Name »Finnische Allee« ebenso wie die Tafel an der Lageruhr, auf der die Informationen auf Deutsch und Finnisch zu lesen sind, zeugen davon. Jedes Jahr kommen etwa 250 Besucher aus dem Norden ins kleine *Museum am Wasserturm*, das die finnische Jägerbewegung zu seinem Thema gemacht hat.

Nach dem Ersten Weltkrieg wurde der Truppenübungsplatz aufgelöst und Flüchtlinge aus dem Osten sowie Heimkehrer angesiedelt. Im Jahr 1927 wurde schließlich die Landgemeinde Lockstedter Lager gegründet. Das Lager wurde in der Weimarer Republik immer öfter zum Sammelpunkt von Rechtsextremisten. Es gilt als Wiege der SA in Schleswig-Holstein.

Heute heißt der Ort Hohenlockstedt. Gewerbetreibende und viele Anwohner setzten die Namensänderung 1956 durch, da das »Lager« Assoziationen an das finsterste Kapitel deutscher Geschichte hervorruft. Aber die Historie des Ortes wollen die Bewohner nicht einfach unter den Teppich kehren. Daran erinnern sie mit der liebevoll restaurierten Lageruhr.

Auf der Spitze des Wasserturms befindet sich ein Mast mit Signalball, der früher zur Warnung vor Artillerieübungen gehisst wurde. Vom Turm aus hat man einen schönen Blick auf den Ort und die Umgebung.

58

Fischbauchbrücke Kaaks
Im Wiesengrund
25582 Kaaks

Kanu-Base
Bekende 14
25588 Huje
04827 999452
www.kanu-base.de

BAUCH AM BAU
Fischbauchbrücke

In der Gemeinde Kaaks im Ortsteil Eversdorf führte einst der Ochsenweg auf seiner Westroute über die Bekau. Queren wir heute das Flüsschen an dieser Stelle, nutzen wir eine kleine weiße Brücke, unter der das bräunliche Wasser friedlich dahinfließt. Elegant wirkt sie trotz ihrer kräftigen Pfeiler, die auf beiden Seiten in der Böschung festgewachsen scheinen. Ein schmiedeeisernes Gitter zwischen vier Pilastern auf jeder Seite vervollständigt den ästhetischen Anblick.

Weniger elegant, als der Übergang aussieht, klingt die Bezeichnung für seine Form: Fischbauchbrücke. Vom Wasser aus gesehen erklärt sich der Begriff, denn an der Unterseite wölbt sich der Bau konvex nach unten statt konkav nach oben. Ein solcher Unterspannbogen ist eine relativ seltene Form in der Brückenarchitektur, die vor allem für Eisenbahntrassen eingesetzt wurde. Als die Überquerung in Kaaks 1909 bis 1919 entstand, verwendete man eine Stahlbetonkonstruktion, damals eine innovative Bauweise. Die Stahlstreben wurden verputzt, das schützt das Metall vor Korrosion, und es hat zusätzlich den Effekt, dass das Bauwerk so spielerisch-elegant wirkt in seinem weißen Gewand.

Die Bedeutung, die die malerische Brücke einmal für die Verkehrsführung dieses Landstrichs einnahm, gehört der Geschichte an. Die Landstraße 235 überquert die Bekau seit Langem nicht mehr an dieser Stelle, sie wurde für eine Ortsumgehung verlegt. Dem Besucher ist es recht. Für Fotos muss er nicht warten, bis sich im Autostrom endlich eine Lücke auftut. Ein ruhiges Plätzchen zum Innehalten bieten zudem die Bohlen auf der Wiese am Ufer der Au. Und wer Glück hat, erhascht neben dem Blick auf den Fischbauch der Brücke auch einen Blick auf einen glänzenden Fischrücken im leise plätschernden Wasser.

Die schönste Art, die Landschaft an der Bekau mit ihren Wiesen, Gehöften und Gärten zu erleben, ist vom Wasser aus mit dem Kanu ab der Fischbauchbrücke.

59

Lars Offermann
Wacken-Brauerei
Gehrn 13
25596 Wacken
04827 9969810
www.wacken.beer

GÖTTLICHES GESÖFF
Wacken-Brauerei

Die Brauerei, die das »Beer of the Gods« herstellt, wirkt auf den ersten Blick schlicht: Sie ist in einem ehemaligen Supermarkt am Ortsrand von Wacken untergebracht. 2016 wurde die Brauanlage errichtet, und endlich konnten die Gründer Jürgen Stotz, Hendrik und Helge Pahl ihren Traum vom flüssigen Gold in die Tat umsetzen. Auch eine eigene Abfüllanlage gehört zum Betrieb. Somit wird das Wackener Craft Beer tatsächlich gänzlich vor Ort hergestellt.

Markenzeichen der Biere sind die schillernden Namen der einzelnen Sorten: Sie heißen wie die Götter der nordischen Mythologie. Tiefschwarz ist das *Smoked Porter*, das nach dem Feuerriesen Surtr, dem Schwarzen, benannt ist. Der Lichtgott Baldur stand Pate für das *Nordic Märzen*, eine Huldigung an die Lebensfreude, und das *Nordic Lager Mjölnir* schlägt wirklich ein, wie der mythische Kriegshammer gleichen Namens.

Die Wacken-Brauerei bringt Biere mit individuellem Geschmack ins Glas. Besonders bemerkenswert ist die Idee der Lehrlingssude. Dabei können die Azubis von Anfang an der Bierwelt zeigen, was sie draufhaben, denn für diese Sorten sind sie vom Rezept über Auswiegen, Vergären und Abfüllen allein verantwortlich. Kreativ eben.

Wacken sei das durstigste Dorf der Welt, behaupten die Brauereibesitzer auf ihrer Homepage. Da nehmen sie den Mund ganz schön voll (Bier). 2018 zählte das Dorf gerade einmal knapp über 1.900 Einwohner. Wie viel sollen die denn trinken? Wenn man aber überlegt, dass im August jeden Jahres allein 75.000 zahlende Besucher zum *Wacken Open-Air-Festival* anreisen, klingt die Aussage schon fast untertrieben. Zum Glück muss die kleine Brauerei nicht all diese Musikfans mit Getränken versorgen – das wäre auch nicht im Sinne der Erfinder, denn vom Fließband soll das Bier der Götter bei ihnen auf keinen Fall kommen.

Haben Sie Lust, mehr über Bier und Bierbrauen zu erfahren? Jeden ersten Freitag im Monat veranstaltet die Brauerei eine Führung inklusive Bier-Tasting.

60

Burger Waldmuseum
Waldstraße 141
25712 Burg (Dithmarschen)
04825 2985
www.burger-
waldmuseum.de

SEIDENSCHWANZ

KLEIBER

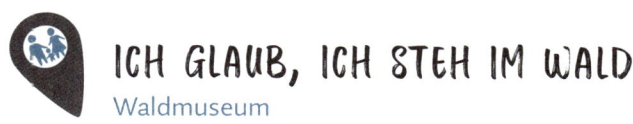

ICH GLAUB, ICH STEH IM WALD
Waldmuseum

Die schönsten Entdeckungen macht man, wenn man gar nicht damit rechnet. Wir sind schon fast an der Abzweigung vorbeigefahren, als uns ein Wegweiser zum Waldmuseum auffällt. Wald? Wir sind doch in Dithmarschen, einem sehr forstarmen Landstrich! Burg aber liegt an der Grenze zwischen der Marsch und der Geest, und mit dem 66 Meter hohen Wulfsboom befindet sich in der Gegend die höchste Erhebung des südlichen Dithmarschens. Dort steht auch das Museum, untergebracht in einem Aussichtsturm, von dem man bis Cuxhaven blicken kann.

Die Überraschung macht nicht nur der Wald aus. Die Ausstellung selbst ist völlig anders, als wir erwartet haben. Uns schwebte ein Lehrpfad zwischen Baumstämmen vor. Wir finden uns jedoch zwischen Präparaten der unterschiedlichsten Tiere wieder, wie das Reh, das man oft in der Natur beobachten kann, aber auch den Dachs oder die Waldohreule, die sich selten zeigen. Sie erzählen uns von ihrem Leben im Forst, von der Aufzucht der Jungen und von der Jagd. Ein Ratespiel mit Geräuschen aus dem Wald lehrt uns, ihre Stimmen zu unterscheiden. Die Bäume stellen sich natürlich auch vor, und nun können wir endlich sagen, welcher Zapfen zu welchem Nadelholz gehört. Dazu vermitteln reich bebilderte Schautafeln Informationen zum Artenschutz, zur Nutzung des Waldes durch den Menschen und zur erdgeschichtlichen Entwicklung der Region.

Der Lehrpfad existiert auch, aber dieser ist entgegen unserer Vorstellung eine Walderlebnisroute mit Insektenhotel und Fledermausstation. Durch das Gehölz um Burg führen Spazierwege, die uns zu einem Eisvogelteich und einem prähistorischen Opferstein bringen. So viel haben wir entdecken können. Wie gut, dass wir unserem Instinkt und dem Schild an der kleinen Straße gefolgt sind.

Für Spiel und Spaß nach dem Aneignen von Wissen sorgt gleich neben dem Museum ein großer Waldspielplatz mit Kletterturm und Seilbahn.

61

Bismarckstein
Hopen
25693 St. Michaelisdonn

WACKERER KAVENTSMANN
Bismarckstein

Hoch über einem Tal steht bei St. Michaelisdonn ein riesiger Findling, der Donner Bismarckstein. Sein Durchmesser beträgt zwei Meter, er ist dreieinhalb Meter groß und beeindruckende 25 Tonnen schwer.

Man stieß auf ihn bei Arbeiten zum Bau des Nordostseekanals und wollte ihn für Fundamentmaterial sprengen – jedoch ohne Erfolg. Im Jahr von Bismarcks 100. Geburtstag errichtete man diesen Koloss in seinem Gedenken auf dem Hoper Kleve, dem Hoper »Kliff«. Das war allerdings kein leichtes Unterfangen. Zunächst mit Schiff und Bahn transportiert, wuchtete man ihn die letzte stramm bergauf führende Strecke mit einer Handwinde auf eingeseiften Bohlen hinauf. Ein wahrer Kraftakt!

Steil ist der Weg, weil nach der letzten Eiszeit an der Stelle ein Kliff entstanden war. Der Meeresspiegel stieg so hoch, dass die Brandung gegen die Altmoränen lief, die nach dem Abschmelzen der Eisschilde zurückgeblieben waren. Das Material, das die Wellen von den Steilküsten abrissen, verteilte sich als Nehrungshaken vor dem Kliff und drängte das Meer zunehmend zurück. Noch heute überrascht es, wenn man in dieser Gegend von der Geest in die Marsch fährt, dass man starke Gefälle überwinden muss. Die Wälle dieser Nehrungshaken werden »Donn« genannt, daher die Namen der Ortschaften Hochdonn und St. Michaelisdonn, in dessen unmittelbarer Nachbarschaft der Bismarckstein auf dem Hoper Kleve steht. Als er aufgestellt wurde, bestand in dieser Gegend noch kein Wald. Heute muss man durch Äste und Blätter hindurchschauen, um den Blick in das Tal am Fuße des Kleves genießen zu können.

Dass man auf die Idee kam, den großen Findling zu Ehren des »Eisernen Kanzlers« an diesem erhabenen Standort zu errichten, kann man nachvollziehen. Da oben auf dem Kleve thront er nun, der Stein, der sich nicht hatte sprengen lassen.

Das *Hoper Kleve* ist ein Naturschutzgebiet. Ein Rundwanderweg von vier Kilometern führt über das Kliff durch den lichten Eichenmischwald, der für trockenen Geestboden typisch ist.

62

**Seehundstation
Friedrichskoog**
An der Seeschleuse 4
25718 Friedrichskoog
04854 1372
www.seehundstation-
friedrichskoog.de

VON DAUER- UND DURCHGANGSGÄSTEN
Seehundstation Friedrichskoog

Wem nicht das Herz aufgeht beim Anblick eines Heulers mit seinen großen Augen, der hat keins. Dass auch jugendliche und erwachsene Kegelrobben und Seehunde niedlich sind, können wir in der Seehundstation Friedrichskoog sehen.

Wir haben Glück und erreichen gerade rechtzeitig die Schaufütterung im Salzwasserbecken. Dort leben die ständigen Gäste der Station, die nicht ausgewildert werden können. Manche sind in Dauerhaltung geboren, andere kamen als Heuler hinzu. Seehunddame Lilli und Kegelrobbe Juris führen den Zuschauern vor, wie eifrig sie bei den medizinischen Übungen mitmachen. Zähne und Flossen vorzeigen gehört ebenso dazu wie der Bauchunterseiten-Check. Die anschließende Wurffütterung ist ein unterhaltsames Spektakel. Juris, Lilli und ihre Kollegen beweisen, wie flink sie sich bei der Jagd auf Fische bewegen, selbst wenn die in hohem Bogen durch die Luft fliegen. Das Wasser im Becken wogt wild hin und her, mancher Besucher bekommt mehr als nur einen Spritzer ab.

Die meisten Bewohner der Station leben abseits des öffentlich zugänglichen Bereichs. Als Heuler sind sie aufgenommen worden, weil sie in freier Wildbahn nicht überlebt hätten. Vielleicht ist ihre Mutter gestorben, vielleicht wurden sie durch menschliche Eingriffe von ihr getrennt. In Friedrichskoog werden sie in Gruppenhaltung aufgezogen, bis sie für die Auswilderung bereit sind. Gäste können die Kleinen nur aus der Ferne beobachten. Sie sollen schließlich so wenig Kontakt mit Menschen wie möglich haben.

Wenn man in freier Natur, zum Beispiel bei Helgoland, einer Robbe begegnet, sollte man Abstand halten. Auf keinen Fall dürfen die Tiere gestört werden. Man darf auch nicht vergessen, dass es sich um Raubtiere handelt. So niedlich sie alle sind, so viel Respekt haben sie in jeder Hinsicht verdient.

Für die kleinen Heuler kann man eine Patenschaft übernehmen. Bei einer vollen Patenschaft darf man dem süßen Fratz sogar einen Namen geben.

Tiefste Landstelle
der
B.R. Deutschland

NN

63

**Tiefste Landstelle
Deutschlands**
Burger Straße 13
25554 Neuendorf-
Sachsenbande
www.tiefstelandstelle.de

Bungsberg
Zum Bungsberg 99
23744 Schönwalde am
Bungsberg

GANZ UNTEN ANGEKOMMEN
Tiefste Landstelle Deutschlands

Stellen Sie sich vor, Sie stünden im Freibad unter dem Dreimeterbrett. Und dann stellen Sie sich noch vor, das Brett wäre zudem einen halben Meter höher. Dort oben läge der Meeresspiegel, wenn Deutschlands tiefste Stelle von der See überflutet wäre. Da reicht es auch nicht, sich auf die Zehenspitzen zu stellen, um Luft zu bekommen. Mit 3,54 Metern unter Normalnull liegt bei Neuendorf-Sachsenbande in der Wilstermarsch die tiefste natürliche Senke unseres Landes. So bestätigt vom Landesministerium Schleswig-Holstein im Jahr 1988.

Natürlich kann dieser Superlativ in keiner Weise im internationalen Vergleich mithalten. Mit 85,5 Metern unter Normalnull kann sich die tiefste Stelle der USA im kalifornischen Death Valley, genauer gesagt im Badwater Basin, brüsten. Im Gegensatz zum amerikanischen Pendant hat es unser Spitzenreiter allerdings ein bisschen schwerer. Während das Badwater sich mitten in den Rocky Mountains befindet und von hohen Gebirgszügen mit Gipfeln über 3.000 Metern umschlossen ist, liegt die Senke bei Neuendorf-Sachsenbande in unmittelbarer Nähe der Nordsee. Große Teile der schleswig-holsteinischen Marschenlandschaft sind unter dem Meeresspiegel gelegen; vor Überflutung bewahren sie nur Deiche und Entwässerungssysteme. Sollten diese Schutzmechanismen zerstört werden oder der Meeresspiegel aufgrund der Klimaerwärmung stark ansteigen, wäre unsere tiefste Landstelle schlichtweg verschwunden. Dann wäre sie nur noch eine kleine Mulde in einem flachen Meer.

Dreieinhalb Meter können also bedeutend heroischer im Überlebenskampf sein als fast 100. Man muss nicht immer mit großen Zahlen angeben, um einen echten Superlativ hoch – beziehungsweise tief – zu halten.

Um den maximalen Höhenunterschied des Bundeslands an einem Tag zu überwinden, fährt man am besten im Anschluss direkt zum Bungsberg, dem 167,4 Meter hohen Dach Schleswig-Holsteins.

64

Schöpfmühle Honigfleth
Honigfleth
25554 Stördorf

Informationen:
**Förderverein Bockmühle
in Honigfleth e.V.**
Stördorf 8
25554 Stördorf
04823 8858
www.foerderverein-
bockmuehle.de

DAS WASSER MUSS WEG
Schöpfmühle Honigfleth

Von fern ist sie über das flache Land hinweg zu sehen, das Wahrzeichen der *Wilstermarsch*: die Schöpfmühle Honigfleth. Einsam steht sie inmitten der weiten Wiesen, die sich bis zum Horizont erstrecken.

Das Wort »Marsch« bedeutet so viel wie »Wasserland«. Die Ländereien in diesen Gebieten, die unter dem Meeresspiegel liegen, waren früher überflutet – und sind es heutzutage noch immer bei starken Regenereignissen. Um das Land kultivieren zu können, musste es entwässert werden. Auf als »natürlich« bezeichnete Weise gelingt dies durch Anlegen von Gräben, aus denen das Wasser in Au- und Flusssysteme abfließt. Durch Mühlen wird dieses Verfahren mittels »künstlicher« Entwässerung deutlich effizienter. Diese Technik brachten holländische Siedler in die schleswig-holsteinischen Marschen. Die erste Erwähnung einer Schöpfmühle findet sich im Jahr 1751. Damals arbeiteten die funktionalen Bauwerke noch mit Schaufelrädern. Mitte des 18. Jahrhunderts wurde die Technik verbessert, und statt des Rades verwendete man fortan eine Archimedische Wasserschnecke, eine Schraube, die in einem Zylinder das Wasser nach oben in die höher gelegenen Wettern, schnurgeraden Entwässerungsfluter, beförderte.

Das Honigflether Exemplar tat seine Arbeit einst auf dem Hof der Familie Schütt in der Nähe von Nortorf. 1960 wurde die Anlage abgebaut und bei Stördorf neu errichtet. Sie ist die letzte funktionstüchtige Schöpfmühle in Schleswig-Holstein. In der Hochzeit musste sie die Arbeit nicht allein erledigen. Alle paar 100 Meter reihten sich entlang der Wettern Schwestermühlen auf, allein in der Wilstermarsch waren es an die 350. Wenn man heute über das Land blickt, kann man sich vorstellen, was für ein beeindruckender Anblick die Phalanx einer ganzen Armee solcher Mühlen gewesen sein muss.

Der beste Blick auf die Mühle eröffnet sich an der B5 auf der Brücke über die Moorhusener Wettern.

65

Kreismuseum Prinzeßhof
Kirchenstraße 20
25524 Itzehoe
0482164068
www.museum-
prinzesshof.de

WAS DEM MENSCHEN WICHTIG IST
Kreismuseum Prinzeßhof

Als ich nach meinem Besuch aus dem Prinzeßhof trete, schwirrt mir noch der Kopf von den vielen Eindrücken, die ich im Museum gesammelt habe. Noch möchte ich nicht in den Alltag und den Trubel auf Itzehoes Straßen zurückkehren. Ich wende mich stattdessen dem Tor zum Park zu und betrete die Grünanlage. Zwischen Palais, Störschleife und der alten Lindenallee wandele ich mit anderen Gästen über die Spazierwege.

Allmählich sortieren sich die Informationen, die ich in der Ausstellung erhalten habe. In den Themenzimmern erzählt sie detailreich von Biedermeier, Kaiserzeit, dem Wirtschaftsleben in der Region und den Jahren nach dem Zweiten Weltkrieg. Den Verantwortlichen liegt augenscheinlich daran zu zeigen, was den Zeitgenossen der jeweiligen Epochen wichtig war. Mir sind im Biedermeier-Wohnzimmer, im Klassenraum und im Tabakladen vorrangig die kleinen Dinge aufgefallen, die den einzelnen Menschen sicherlich am Herzen lagen: die Tanzkarte der Äbtissin Marie zu Schleswig-Holstein-Sonderburg-Glücksburg vom 7. Mai 1909 für den Ball, den sie im Prinzeßhof gab; die im Keller gefundenen Weinflaschen; die Reservistenkrüge, die die Rekruten in der Kaiserzeit nach ihrem Militärdienst zum Andenken erstanden. Besonders berührt hat mich der Feldpost-Weihnachtsbaum von 1915. Zusammengeklappt komplett mit Glöckchen, Christbaumkugeln und winziger Flagge in Schwarz-weiß-rot wurde er zu den Soldaten an die Front geschickt. Die Aufschrift »Eilig« auf der Verpackung ließ mir ein wenig mulmig zumute werden.

Nach einer Weile verlasse ich den Park und trete auf den Vorplatz. Noch einmal wende ich mich zu dem schmucken Bauwerk mit seinem Barockportal um. Eins weiß ich mit Gewissheit: Ich werde wiederkommen, um erneut in die fein gezeichneten Leben längst Verstorbener einzutauchen.

Scheuen Sie nicht die Kosten für den 122 Seiten starken Museumsführer. In abwechslungsreicher Aufmachung nimmt man mehr Wissen zum Nachlesen mit, als man beim Besuch aufnehmen kann.

66

Innenstadt Krempe
Rund um das Rathaus
Am Markt 1
25361 Krempe

**Restaurant Der Grieche
im Ratskeller**
Am Markt 1
25361 Krempe
04824 38154
www.der-grieche-im-
ratskeller.de

IM VERBORGENEN BLÜHEN
Innenstadt

Er liegt abseits der großen Straßen im Kreis Steinburg, etwa in der Mitte zwischen der Autobahn A23 und der Bundesstraße 431: der beschauliche Ort Krempe. Auf einer Umgehung wird man um den Stadtkern herumgeleitet. Und auch die Strecke durch das kleine Zentrum entlang der Breiten Straße lässt den Ahnungslosen nicht vermuten, dass die Gemeinde Sehenswertes birgt.

Gibt man dem Ort jedoch eine Chance und steigt aus dem Auto, um sich abseits der Durchgangswege und Umfahrungen in das Gewirr der Gassen zu schlagen, weiß Krempe zu überraschen. Vom Marktplatz aus sieht man den mächtigen Turm der Kirche St. Peter über die Dächer ragen. Ungewöhnlich schaut er aus mit seinem quadratischen Grundriss, dem zylindrischen Aufbau und der Halbkuppel darüber, die mit einer Laterne in Form eines kleinen Rundtempels abschließt. Dreht man sich nun um, steht man vor dem historischen Renaissance-Rathaus und blickt auf seine Giebelfront aus Backsteinen. An der Rückseite des Gebäudes floss einst die jetzt verrohrte *Kremper Au*. Sie war so breit, dass seegängige Schiffe sie befahren konnten und dem Ort regen Handel über Stör und Eider mit großen Zentren wie Venedig ermöglichte. Die Schiffe wurden direkt im Erdgeschoss des Rathauses entladen. Heute erinnert noch ein Flaschenzug hoch oben an der Rückwand an diese Zeit. Hat man noch nicht genug gesehen, kann man abschließend zum alten Wasserturm auf dem Mühlenberg steigen.

Eigentlich ist es erstaunlich, dass Krempe seinen Charme und seine Sehenswürdigkeiten derart erfolgreich versteckt, ist doch die zweitkleinste Stadt Schleswig-Holsteins nach Arnis an der Schlei mit nicht einmal 2.500 Einwohnern eine Attraktion an sich. Ein bisschen verschlafen wirkt sie schon. Dafür lässt es sich gemütlich durch die Gassen streifen, fern von Lärm und Trubel.

Im Kremper Rathaus serviert das Team des Restaurants *Der Grieche im Ratskeller* Speisen aus dem Land der Hellenen.

67

**Galerie-Café
Schlossgefängnis**
Rantzau 9
25355 Barmstedt
04123 6139
www.schlossgefaengnis.de

**Bootsvermietung am
Rantzauer See**
Rantzau 7
25355 Barmstedt
04123 6467 oder 807815
www.bootsvermie-
tung-barmstedt.de

KAFFEEKRÄNZCHEN STATT KARGER KOST
Galerie-Café Schlossgefängnis

Es ist ein schöner Sommertag in Barmstedt. Wir beschließen, uns bei einem Kaffee zu stärken, und betreten das Galerie-Café Schlossgefängnis. Hm, ein spannender Name, finden wir. Und wir finden die Torte und den Kuchen, die wir uns bestellen, ungemein lecker. Eine karge Kost wie in einem Verlies, auch wenn mit royalem Anstrich, ist unser Kaffeegedeck zum Glück nicht.

Das war einst anders. In dem Gebäude, in dem das Café untergebracht ist, wurden bis 1927 tatsächlich Verbrecher inhaftiert. Zurück geht der Bau auf das »Pforten-Haus« der Schlossinsel Barmstedt, das 1654 errichtet wurde. In ihm wohnte der Torhüter, der die Zugbrücke bediente. Gleichzeitig war er auch Gerichtsdiener und hatte die Lizenz für eine Krugwirtschaft. Dafür musste er auf die Häftlinge aufpassen, war sein Domizil doch auch das zentrale Gefängnis der Grafschaft. Im Jahr 1836 wurde das alte Gebäude abgerissen und das heutige errichtet.

Seit 1984 beheimatet es das Café, zu dem inzwischen auch eine Galerie mit wechselnden Ausstellungen gehört. Statt Wasser und Brot stehen nun saftige Kuchen und auf der Zunge zergehende Torten ebenso wie Herzhaftes auf dem Speiseplan. Ein sonntäglicher Brunch und ein gepflegter »Afternoon Tea« gehören ebenfalls zum Angebot. Wer nach einem originellen Ort für sein lebenslängliches Ja-Wort sucht, kann standesamtlich im Trauzimmer heiraten.

Im hinteren Teil des Gebäudes sind noch zwei Zellen samt Gittertüren vorhanden und bieten Tisch und Bänke für die, die sich ein bisschen gruseln möchten. Wer das noch krönen will, nimmt am Knastessen teil, bei dem man als Häftling vom Kerkermeister bedient wird. Zum Glück kommt ein dreigängiges Menü auf den Tisch – die Gefängniskost gehört endgültig der Vergangenheit an.

Um den Appetit anzuregen oder nach dem Genuss der Leckereien Kalorien abzuarbeiten, empfiehlt sich eine Runde mit dem Tretboot auf dem Rantzauer See.

68

Liether Kalkgrube
Heideweg 14
25336 Klein Nordende

Aussichtspunkt Lägerdorf
Heidestraße
25566 Lägerdorf

VON NUN AN GEHT'S BERGAB
Liether Kalkgrube

Geotope sind landschaftliche Formierungen der Natur, in denen man Einblicke in die Erdgeschichte bekommt. Ein solches Geotop ist die Liether Kalkgrube im Kreis Steinburg. Bis 1986 wurde an dieser Stelle Tagebau betrieben, bei dem Kalkasche für Düngemittel gewonnen wurden.

Die Bagger fraßen sich weit in den Untergrund hinein, die Grube reicht 35 Meter in die Tiefe und liegt zu einem großen Teil – an ihrer Sohle sogar 20 Meter – unter dem Meeresspiegel. Um die Senke herum ragen steile Wände empor. Ihre Farbgebung fällt auf, vor allem das rote Gestein an den Abhängen leuchtet in der Sonne. Sie bestehen aus sogenanntem Rotliegend, einem Tongestein, das vor ungefähr 260 Millionen Jahren im Erdzeitalter Perm als Ablagerung in einem Wüstenklima unter kontinentalen Bedingungen entstand.

Normalerweise liegt diese Schicht unter dem hellen Zechstein, der sich in der Liether Grube vertikal daneben zeigt oder sogar die Lage mit dem Rotliegend getauscht hat. Er bildete sich durch Ausfällen von Salz bei der Verdunstung von zufließendem Ozeanwasser im Zechsteinmeer, einem flachen Randmeer, das Nord- und Mitteleuropa im Perm bedeckte. Auf dieser Salzschicht setzten sich mit der Zeit Gesteine mit höherer Dichte ab. Sie bewirkten eine Verdrängung des Salzes, das an Stellen, wo die Dichte des darüber liegenden Gerölls geringer war, nach oben auswich und Salzstöcke bildete, die an die Erdoberfläche reichten. Dabei schob es andere Ablagerungen mit in die Höhe. In der Liether Kalkgrube finden sich die ältesten an der Oberfläche anstehenden Gesteine in Schleswig-Holstein.

Tagebau zerstört Natur wie Kulturland, oft sogar Ortschaften. Die Liether Kalkgrube zeigt das andere Gesicht dieser Rohstoffgewinnung. Wenn die Bagger abgezogen sind, bleibt manchmal etwas zurück, das faszinierende Entdeckungen möglich macht.

Ein toller Panoramablick über eine andere Kalkgrube bietet sich bei den Lägerdorfer Kreidegruben.

69

**DaJa Chocolate
Schokoladenmanufaktur**
Kuhlenstraße 7
25436 Uetersen
04122 9816886
www.daja-chocolate.de

DaJa Chocolate Fehmarn
Süderstraße 2
23769 Burg auf Fehmarn
04371 8893003
www.daja-fehmarn.de

DIE SÜSSESTE VERSUCHUNG
Schokoladenmanufaktur *DaJa Chocolate*

Beim Betreten der *DaJa Chocolate Schokoladenmanufaktur* fällt mir als Erstes der Geruch auf. Ich schließe die Augen. Satt und voll duftet es, vor allem assoziiere ich dunkle Schokolade, darin eine Mischung aus mannigfachen Gewürzen. Am liebsten würde ich stehen bleiben und dieses sinnliche Erlebnis bis in alle Ewigkeit auskosten.

Das geht natürlich nicht. Außerdem will ich sehen, wie die Kreationen, die ein solch betörendes Aroma verströmen, aussehen. Wenn die Optik mit dem olfaktorischen Eindruck nur annähernd mithalten will, muss sie schon etwas bieten. DaJa-Schokolade enttäuscht aber auch auf dieser Ebene nicht. Die Klüvers – Danila und Jan, deren jeweils ersten zwei Anfangsbuchstaben den Namen der Manufaktur bilden – stellen Trüffel in allen Sorten her: Mit Himbeere und Blaubeere, mit schwedischem und irischem Whiskey, appetitlich und äußerst Appetit anregend liegen sie neben Schokoladenbruch unterschiedlichsten Geschmacks in der Vitrine. Farbtupfer kommen von Kirsch-Chili und Cassis. Auf Tischen und in Regalen stehen besondere Kreationen: Weihnachtsbecher, bei denen nicht nur der Inhalt genossen werden kann, und für die Frau, die neben einem Schokoladen- auch einen Fußbekleidungstick hat, elegante hochhackige Schuhe in verschiedenen Farben. Ich bin sicher, die machen schlank, denn derart großartige Ästhetik könnte zumindest ich niemals vernichten! Wie all das hergestellt wird, kann ich in der gläsernen Manufaktur bewundern. Das ist Kunsthandwerk vom Feinsten.

Vielleicht sollte ich versuchen, den satten, vollen Geruch einzufangen, der mir beim Hereinkommen in die Nase gestiegen ist und mich in dieser noch immer wohlig kitzelt. Der schlanken Linie täte das gut. Leider für die Linie, aber zum Glück für den Gaumen muss ich für den späteren Genuss doch handfeste Schokolade mitnehmen.

Sie sind an der Ostküste unterwegs und der Weg nach Uetersen ist zu weit? Kein Problem, in Burg auf Fehmarn gibt es eine Filiale.

70

Rosarium
Wassermühlenstraße
25436 Uetersen
www.rosarium-uetersen.de

Arboretum Ellerhoop
Thiensen 4
25373 Ellerhoop
04120 218
www.arboretum-
ellerhoop-thiensen.de

UETERSEN BLÜHT
Rosarium Uetersen

Wie oft ich in Großbritannien war, kann ich gar nicht mehr zählen. Vielleicht assoziiere ich beim Gedanken an Rosen deshalb zuallererst englische Ladys mit Gartenschere, die vor einem Blütenstrauch knien. Dass auch unsere Nation sich auf die feingliedrigen Blumen versteht, lehrt mich das Rosarium in Uetersen.

Vorweg ein paar Zahlen, weil sie mich so beeindrucken: Auf sieben Hektar wachsen 30.000 Rosen in 900 verschiedenen Arten und Sorten. Das Paradies verdanken wir dem 1859 in Uetersen geborenen Ernst Ladewig Meyn. Er vermehrte die Pflanzen durch Veredelung, nicht mehr durch Stecklinge, wie bis dahin üblich. Bei dem Prozess wird auf den Stamm einer widerstandsfähigen Wildrose eine Edelrose gesetzt. Um eine neue Sorte marktreif zu machen, dauert es mindestens acht bis zehn Jahre!

Im Rosarium streife ich durch die bunte Blumenpracht, fasziniert von den vielen Konturen der Blüten, von rosettenförmig bis hochgezogen, mit einfacher bis starker Füllung je nach Blütenblattzahl und -anordnung. Kreativ sind die Züchter nicht nur bei Farben und Formen, sondern auch bei der Benennung der Sorten. Die Namen verweisen auf die Kolorierung (*Roter Korsar, Rhapsodie in Blue*) oder die Bilder, die die Blume hervorruft (*Lagerfeuer, Flammentanz*). Manche sind bekannten Personen gewidmet (Klaus Groth, Sophia Loren) und viele heißen wie Städte (München, Fuggerstadt Augsburg). Ich suche nach besonders fantasiereichen Bezeichnungen und finde *Sonnenschirm, Tutti Frutti, Gruß an Bayern, Gärtnerfreude, Christel von der Post. Tea Time* lässt ebenfalls grüßen – welcher Landsmann die wohl gezüchtet hat!

Nach meinem Besuch im Rosarium hat sich meine Assoziation deutlich verschoben. Jetzt schillern Farben vor meinem inneren Auge, Düfte spüre ich in der Nase. Die geografische Note ist weg. Und die Lady ist auch verschwunden.

In Sachen Pflanzen kann man sich in der Nähe von Uetersen in Ellerhoop mit höheren Stämmen beschäftigen: Das *Arboretum* lädt zur Erkundung von Bäumen ein.

71

Lödingshof
**Lübecker Gänge und
Höfe**
Altstadt
Glockengießerstraße
23552 Lübeck

Gang Im Reinfeld
An der Obertrave 19
23552 Lübeck

PLATZ SCHAFFEN
Gänge und Höfe in der Altstadt

Lübecks Expansionsmöglichkeiten waren in früheren Zeiten begrenzt, denn sein historischer Kern liegt auf einer Insel. Durch den glanzvollen Aufstieg zur dominierenden Hansestadt explodierte die Bevölkerungszahl ab dem 13. Jahrhundert. Wohin mit all den Menschen? Die Kaufleute ersannen eine pfiffige Idee: Man nutzte den Platz hinter dem eigenen Stadthaus.

Auf diese Weise entstanden die Lübecker Gänge und Höfe. Ein Torweg führte durch das vordere Gebäude, in dem der Hausherr residierte, zum dahinter liegenden Hof. Dort wurden kleine »Buden« errichtet, in denen Bedienstete und Tagelöhner, Seefahrer und Handwerker untergebracht wurden. Lediglich schmale Passagen blieben von den einst weitläufigen Flächen. Die Kaufleute wollten natürlich so wenig wie möglich von ihrem wertvollen Wohnraum verlieren. Daher verwundert es nicht, dass die Durchgänge meist eng sind. Der eine oder andere ist zudem äußerst niedrig, und schon Menschen ab 1,50 Meter Größe müssen sich bücken.

Hinter manchem Stadthaus präsentieren sich deutlich großzügigere Areale und Gebäudekomplexe. Oft wurden sie als Stiftungshöfe für Arme oder Witwen errichtet. Das half nicht nur den Bedürftigen, es beruhigte auch das Gewissen der Wohlhabenden. Eines der größten und prächtigsten Exemplare ist der Füchtingshof. Seine Häuser verfügen sogar über drei Stockwerke. In Petersens Gang in der Hartengrube findet sich dagegen noch heute eine wirklich winzige Bude mit einem Grundriss von 3,45 mal 4,65 Metern.

Die Lübecker Kaufleute haben gezeigt, dass man nicht unbedingt nach oben bauen muss, um Platz zu gewinnen. Die Buden waren sicherlich begehrter Wohnraum bei Arbeitern und sozial Schwächeren. Heute sind sie das trotz ihrer begrenzten Fläche immer noch. Wer möchte nicht gern in derart romantischer, geschichtsträchtiger Umgebung wohnen!

Das Vorderhaus des Gangs *Im Reinfeld* wurde in den 1930er-Jahren als Luftschutzbunker gebaut. Die Fassade ist dem ursprünglichen mittelalterlichen Stadthaus nachempfunden.

72

**Museum Behnhaus
Drägerhaus**
Königstraße 9–11
23552 Lübeck
0451 1224148
www.museum-
behnhaus-draegerhaus.de

KONTOR UND KLASSIZISMUS
Museum *Behnhaus Drägerhaus*

Wir betreten das Behnhaus, ein Lübecker Kaufmannsgebäude, und stehen in einem hellen Vorraum, zur Linken Museumsshop und Kasse. Früher befand sich dort das Kontor, in dem man seine Waren ausstellte und Geschäfte machte. Zum Haupthaus gehörte auch die Diele, und im hinteren Flügel schlossen sich die Wohnräume an. Um 1800 wurde das Gebäude wie viele Kaufmannshäuser in Lübeck umgebaut, sodass sich der erworbene Wohlstand besser zur Schau stellen ließ. Dazu wurde ein Mann engagiert, der wusste, was er tat, nämlich Joseph Christian Lillie, seines Zeichens königlicher Dekorateur am dänischen Hof.

Lillie verpasste dem Bauwerk seine eigene Interpretation der klassizistischen Einrichtung. Die asymmetrische Raumaufteilung bereitete ihm bei der Gestaltung im Sinne der ebenmäßigen Linien und Formen des klassizistischen Schönheitsideals wenig Kopfzerbrechen, verstand er es doch, mit Malerei und Dekoration die Illusion gerader Wände und Fluchten zu erschaffen. Der Gartenflügel, der Wohnbereich der Hausherren, erstrahlte nun in neuem Glanz: helle Räume, Einrichtung wie aus einem Guss, edle Möbel, Kronleuchter und lichte Wandmalereien tragen zu einem eleganten, erfrischenden, keineswegs sterilen oder erdrückenden Ambiente bei. Staunend wandern wir vom Frühstückszimmer über das Landschafts- in das Gartenzimmer, wo wir uns in einer nachgebildeten Laube wiederfinden. Wir würden sofort einziehen, auch wenn nicht mehr die gesamte Ausstattung original von Lillie stammt und zum Teil nach Beschreibungen rekonstruiert wurde.

Spielerisch ist der Eindruck, den die Dekoration bei uns hinterlässt. Vorne zur Straße hinaus mag es einst im Kontor geschäftig und geschäftlich zugegangen sein. Im Gartenflügel aber konnte man die Seele baumeln lassen. Wenn man ein reicher Kaufmann war.

Im zum Museum gehörenden Drägerhaus sind Gemälde und andere Kunstwerke der Romantik und der klassischen Moderne sowie regelmäßige Sonderausstellungen zu sehen.

73

Eimerkettenbagger Wels
Museumshafen Lübeck
Willy-Brandt-Allee 35
23554 Lübeck
0451 4008399
www.museumshafen-
luebeck.org

Theaterschiff Lübeck
Willy-Brandt-Allee 10k
23554 Lübeck
0451 2038385
www.theaterschiffluebeck.de

MIT QUIETSCHEN UND KREISCHEN
Eimerkettenbagger *Wels* im Museumshafen

Als Kinder haben wir gerne am Strand oder auf dem Spielplatz Sand in unsere Eimerchen geschaufelt, um sie dann umzustülpen und mehr oder minder haltbare Figuren zu formen. Eins ums andere entstanden Bauwerke, und wir konnten uns stundenlang mit ihnen beschäftigen.

Dass man mit Eimern nicht nur Sand bewegen kann, versteht sich von selbst. Dass sie auf dem Wasser zum Ausbaggern von Meeresbuchten, Häfen und Flussmündungen im großen Stil verwendet werden, erstaunt eher. Mit kleinen Kübeln wie wir damals kommt man dabei natürlich nicht weit. Stattdessen werden Pontons als Plattform verwendet, auf der an einem Aufbau eine endlose Kette mit großen Eimern umläuft. Mit ihnen wird Meeres- oder Hafengrund abgetragen und auf längsseits liegende Schuten geladen. Bagger dieser Art verfügen weder über einen eigenen Antrieb noch über ein Ruder. Von Schleppern werden die Transportmittel zu ihrem Einsatzort gebracht.

Eine solche Maschine ist der Eimerkettenbagger *Wels*, der nach seiner Außerbetriebnahme im Museumshafen Lübeck eine neue Heimat gefunden hat. 1936 wurde er gebaut und arbeitete vor allem auf der Trave und der Wakenitz. Heute steht er unter Denkmalschutz und liegt am Wenditzufer bei der Drehbrücke an der Willy-Brandt-Allee im Lübecker Holstenhafen.

Allein die Kette des Baggers wiegt sieben Tonnen, insgesamt bringt er 55 Tonnen auf die Waage, seine 32 Eimer fassen jeweils 45 Liter. Wenn er loslegt, verkündet er das lautstark. Das Quietschen und Knirschen der Kette, der Lärm des Dieselmotors und das Platschen von Wasser und abgetragenem Material vermischen sich zu einer ganz eigenen Sinfonie. Laut ist sie, sehr laut. Viel lauter als wir damals, wenn wir mit unseren Eimerchen Sand schaufelten und dabei mit unserem Geschrei und Gekreische sicher manchem Nachbarn die Ruhe raubten.

Ein anderes akustisches wie visuelles Schiffserlebnis bietet sich bei Komödien, Revuen und Kabarett auf dem Theaterschiff Lübeck.

74

Alter Leuchtturm Travemünde
Am Leuchtenfeld 1
23570 Lübeck
04502 8891790
www.leuchtturm-travemuende.de

Leuchtturm Dahmeshöved
Dahmeshöved
23747 Dahme

VORGEDRÄNGELT
Alter Leuchtturm Travemünde

Ziemlich sicher ist der Grund, weshalb der *Alte Leuchtturm Trave-münde* außer Betrieb genommen werden musste, einzigartig. Das vermute ich zumindest, denn ich kann mir schwer vorstellen, dass anderswo auf der Welt der Bau eines Hotels einen ansonsten voll funktionsfähigen Leuchtturm seiner Daseinsberechtigung beraubt.

Dabei kann das Travemünder Exemplar einen Superlativ vorweisen. Das ehrwürdige Bauwerk ist der älteste Leuchtturm Deutschlands. Schon 1539 wurde er errichtet, nachdem sein Vorgänger von dänischen Truppen zerstört worden war. Mit 31 Metern Höhe hält er weder einen Rekord an der oberen noch an der unteren Größenskala. Zum Vergleich: Der höchste Leuchtturm des Landes, der ausschließlich zum Zweck der Warnung für die Seefahrt gebaut wurde, steht in Campen an der Mündung der Ems. 65 Meter misst er. 82,5 Meter bringt der *Phare de l'Île Vierge* in der Bretagne auf die Messlatte und kann sich damit als größter der Welt rühmen. Verstecken muss sich der hübsche Backsteinbau in Travemünde allerdings auch nicht. Im Vergleich zum kleinsten Leuchtturm Deutschlands mit seinen 7,45 Metern, der auf der Hallig Oland steht, reichte sein Licht deutlich weiter aufs Meer hinaus. Jedenfalls bis 1972. Denn dann wurde ihm ein Hotel vor die Nase gesetzt, das seither den größten Teil des Bereichs verdeckt, über den er wachte. Das ist schon eine spektakuläre Art, einen Leuchtturm unnütz zu machen.

Zur Strafe, so denke ich, musste das Hotelmonstrum die Arbeit eines Leuchtfeuers übernehmen. Ob es die einzige Gästeunterkunft mit dieser Aufgabe ist, weiß ich nicht. Einen Superlativ hält es aber ebenfalls: Mit 117 Metern ist es das höchste nicht ausschließlich diesem Zweck dienende Leuchtfeuer in Europa.

Ein hübsches Fotomotiv bietet auch der Leuchtturm Dahmeshöved, der ebenfalls an der Lübecker Bucht steht.

75

Café Tausendschön
Landhaus Töpferhof
Fuchsbergstraße 5–11
23626 Ratekau
04502 8888439
www.landhaus-toepferhof.
de/cafe-tausendschoen.html

**Restaurant und
Weinkeller Ludwig's**
Fuchsbergstraße 5–11
23626 Ratekau
04502 2124
www.landhaus-toepferhof.
de/restaurant-ludwigs.html

KUSCHELIG UND KÖSTLICH
Café Tausendschön

Tausendschön wäre nicht der erste Name, der uns für ein Café einfallen würde. Doch als wir eintreten, wissen wir sofort, was gemeint ist. Mit vielleicht nicht 1.000, aber doch ziemlich vielen großen und kleinen Details wird in dem Raum eine besondere skandinavische Atmosphäre geschaffen. Von den Fensternischen, in die man sich behaglich kuscheln kann, über die hübschen Holzbänke zu unzähligen liebevoll drapierten Dekostücken dient die gesamte Einrichtung dem Wohlgefühl.

Nachdem wir uns eine gemütliche Ecke ausgesucht haben, wollen wir uns dem Zweck des Cafés widmen, der Kulinarik, derentwegen wir eigentlich eingekehrt sind, und machen uns auf zur Theke. Auweia, wie soll man sich denn da entscheiden? Das sieht alles furchtbar lecker aus! Friesentorte, Mohn mit Schmand und Stachelbeer-Baiser, das sind Kreationen, die wir in anderen Kaffeehäusern schon mal probiert haben. Noch nie haben wir allerdings Buttermilch und Johannisbeere mit Baiserhaube gekostet oder gar Buchweizen-Preiselbeertorte. Schweren Herzens wählen wir eine Sorte aus und kehren mit unseren Tortenstücken an unseren Tisch zurück. Göttlich schmecken sie, und sofort beschließen wir, bald wiederzukommen, um die anderen geschmacklichen Kunstwerke ebenfalls zu genießen.

Im Jahr 2018 ist das *Tausendschön* als eines von 525 Cafés und Röstereien in ganz Deutschland vom Magazin *Die Feinschmecker* in sein Buch mit kulinarischen Empfehlungen aufgenommen worden. Gewertet wurden neben der Qualität der angebotenen Speisen, die selbstredend hausgemacht sein müssen, und der Kompetenz der Mitarbeiter auch die Atmosphäre. Das *Tausendschön* bringt alles mit, und das Ambiente hat sicher viele Pluspunkte eingeheimst. Hier ist es gemütlich – man fühlt sich einfach »hyggelig«!

Wenn es des Süßen genug ist, lässt es sich gepflegt im *Restaurant und Weinkeller Ludwig's* speisen, ebenfalls Teil des Landhauses Töpferhof.

76

**Sea Life
Timmendorfer Strand**
Kurpromenade 5
23669 Timmendorfer
Strand
04503 35880
www.visitsealife.com/de/
timmendorfer-strand

Ostsee Therme
Strandallee 143
23683 Scharbeutz
04503 352611
www.ostsee-therme.de

ABTAUCHEN IN EINE FREMDE WELT
Aquarium *Sea Life*

Es gießt in Strömen. Was kann man da Besseres machen, als sich aus dem Regen in die Traufe zu begeben bzw. direkt ins Meer, wenn man sich wie wir an der Ostsee aufhält. Heute ist es dafür allerdings zu kalt. Wir fahren kurzerhand nach Timmendorfer Strand.

Im *Sea Life* herrscht schummriges Licht, die Gänge sind nur von den Aquarien erleuchtet. Kein Fisch wird unnötig geblendet – solange sich jeder beim Fotografieren an das Blitzverbot hält. Für den Rundgang benötigen wir eine halbe Ewigkeit, doch wir empfinden sie nicht als zäh. Unzählige bunte Schautafeln und Informationen auf den bemalten Wänden lassen uns tiefer in das Leben unter Wasser eintauchen.

Am großen Becken begegnen wir Scholle, Dorsch und Steinköhler. Haie und Rochen, erklärt uns eine der Tafeln, können elektromagnetische Felder über besondere Hautporen in ihrem Gesicht wahrnehmen. Plattfische verstecken sich am Meeresboden, dafür wechseln sie sogar Farben und Muster. Meine Lieblingstiere sind ziemlich klein, es sind die Seepferdchen. So viel Erstaunliches gibt es über sie zu erfahren. Bei ihnen sind die Männchen die Herren der Kinderstube, in einer Bauchtasche brüten sie die Eier aus. Diese Fische halten sogar mit Kolibris mit, denn wie die winzigen Vögel mit ihren Flügeln schaffen sie mit den Flossen bis zu 70 Schläge pro Sekunde. Wenn sie schlafen, rollen die merkwürdigen Tiere ihre Schwänze um eine Pflanze. Auf diese Weise werden sie von der Strömung nicht davongetragen. Manch ein Exemplar schläft sogar kopfüber im Wasser hängend.

Als wir wieder an der Oberfläche auftauchen, blendet uns das Licht im Freien. Trocken haben wir die Unterwasserwelt erlebt. Zum Glück hat es inzwischen aufgehört zu regnen, sodass wir ebenso trockenen Fußes nach Hause zurückkehren.

Genug Wasser angeguckt und Lust, aktiv zu werden? Zum Schwimmen und für andere Aktivitäten bietet die *Ostsee Therme* in Scharbeutz paradiesische Verhältnisse.

77

Zoo Arche Noah
Mühlenstraße 32
23743 Grömitz
04562 5660
www.zoo-arche-noah.de

Vogelpark Niendorf
An der Aalbeek
23669 Timmendorfer
Strand
04503 4740
www.vogelpark-niendorf.de

AUGE IN AUGE
Zoo Arche Noah

Artgerechte Haltung liegt Familie Wilhelm am Herzen. Besucher-
freundlich ist ihr Zoo *Arche Noah* ebenfalls. Die meisten Gehege sind
nur von niedrigen Einfassungen umgeben, während Elektrozäune
dafür sorgen, dass die Tiere dennoch in ihrem Heim bleiben. Diese
selten in Zoos genutzte Begrenzung hat den Vorteil, dass auch kleine
Gäste freie Sicht auf die Tiere genießen, die wiederum nicht gegen ein-
tönige Wände starren müssen, sondern ihrerseits die Menschen neugierig beobachten können.

Tatsächlich ist genau das unser Eindruck. Viele der Zoobewohner
halten sich am Rand ihrer Gehege auf und prüfen, wer denn in ihren
Vorgarten schaut. Ein noch ziemlich junges Mara, dessen Kollegen direkt vor uns einander necken oder Tauziehen mit einem Zweig veran-
stalten, sitzt minutenlang still und sieht nachdenklich zu uns herüber.
Ein Schimpansenmännchen fortgeschrittenen Alters bringt uns immer
wieder zum Lachen, indem es am anderen Ufer des Wassergrabens
Mätzchen macht, das Maul aufreißt und auf der Stelle herumspringt.
Zwischendurch setzt es sich und hält seine Hand vor die Augen. Was
sind die Menschen doch dumm, fallen immer wieder auf seine Show
herein, scheint der Affe zu denken.

Einer der eleganten schwarzen Leoparden schleicht ans Gitter
heran – die Raubkatzen sind dann doch sicher hinter hohen Zäunen
untergebracht, was uns recht ist. Das Tier positioniert sich vor uns
und nimmt mit seinem sanften Blick Kontakt auf. Nur das Löwenpär-
chen lässt sich zu derlei nicht herab. Ein Stück vom Zaun entfernt liegt
es im Gras und nimmt die Huldigungen des menschlichen Gefolges
gelassen entgegen.

Wir freuen uns, dass die Zoobewohner derart entspannt sind.
Auf uns scheint das abzufärben. Gerne halten wir lange bei allen Ge-
hegen inne und genießen den Austausch mit den Tieren.

Vogelfreunde kommen im Vogelpark Niendorf in Timmendorfer
Strand auf ihre Kosten. Die Eulensammlung ist weltweit eine der
größten.

78

Burgruine Glambeck
Südstrandpromenade
23769 Fehmarn-Burgtiefe

Wasserspass Fehmarn
Zur Strandpromenade 6
23769 Burg auf Fehmarn
01575 6647246
www.wasserspass-
fehmarn.de

UMGEBEN VON BETTENBURGEN
Burgruine Glambeck

Am Südstrand von Burg auf Fehmarn herrscht im Sommer reges Treiben. Der Strand mit seinem feinen Sand ist beliebt bei den Touristen, und das Wasser lädt zum Baden ein. Unbemerkt bleibt dabei meist ein Bauwerk, das zwischen Parkplätzen, Strandkörben und Hotels fast verschwindet. Und doch steht es schon länger hier: die Burg Glambeck mit ihren roten Backsteinen.

Im frühen 13. Jahrhundert wurde sie errichtet und wachte über den Hafen der Halbinsel Burgtiefe. Zwei Meter dicke Mauern und ein Wassergraben schützten den Bergfried in ihrem Zentrum. Strategisch wichtig, wurde die Festung jahrhundertelang von den dänischen Königen und den holsteinischen Fürsten umkämpft, bis sie im Dreißigjährigen Krieg endgültig zerstört wurde. Glambecks Fundamente wurden abgetragen, und mit der Zeit verschwand das Bauwerk unter Wanderdünen. Erst eine Naturkatastrophe ließ die Ruine auferstehen: Der Orkan des Ostseesturmhochwassers des Jahres 1872 peitschte die See auf, und der Meeresspiegel stieg an der Ostseeküste von Dänemark bis Pommern über Nacht um bis zu drei Meter an. Das Hochwasser war ein Jahrtausendereignis, das schreckliche Zerstörung anrichtete. In diesem Inferno wurden von den wütenden Wellen die Reste der Glambeck freigespült. Ab 1908 wurde sie dann systematisch ausgegraben.

Um die Burg zu besichtigen, muss man die Anlage umrunden, betreten kann man sie nicht. Neben den Ringmauern sind nur noch einige, kaum vier Meter hohe Wände zu sehen, der Fuß des Bergfrieds ist noch erkennbar. Ein bisschen kläglich wirkt die Ruine, zumal über ihr Hotels mit mehr als 15 Stockwerken aufragen. Heute strömen Touristen an den Strand und erobern die Bettenburgen, während die Burgruine dem Wanderer, der sich die Zeit dazu nimmt, von einer langen und ereignisreichen Geschichte erzählt.

Einen spaßigen Kampf mit den Wellen kann man sich per Tretboot oder auf dem Brett beim Stand-up-Paddling bei *Wasserspass Fehmarn* am Südstrand gönnen.

79

**Jimi-Hendrix-
Gedenkstein**
Flügge 1
23769 Fehmarn

Leuchtturm Flügge
Flügge 2
23769 Fehmarn
www.leuchtturm-fluegge.de

≫CASTLES MADE OF SAND≪
Jimi-Hendrix-Denkmalstein

Es sollte etwas Besonderes werden. Jimi Hendrix und andere Musi-kergrößen der Hippie-Ära wollten die Veranstalter des *Love-and-Peace-Festivals* im September 1970 nach Fehmarn locken und *Wood-stock* Konkurrenz machen. Leider bauten sie Luftschlösser.

Das Unterfangen stand unter keinem guten Stern. Schon im Vorfeld explodierten die Kosten, die Planung der Verpflegung durch die Firma Dr. Oetker verlief im Sande. Bedeutende Künstler wie Joan Baez sagten ab. Jimi Hendrix jedoch konnte für einen Auftritt gewonnen werden, allerdings nur mit dem Zubrot eines Transfers im Mercedes und eines Luxuswohnwagens. Auch beim Wetter hat-te man auf Sand gebaut. In Sturm und Regen begann das Festival, und der erste Tag zeichnete sich vor allem durch Tonprobleme und technische Tücken aus. Auftritte mussten verschoben werden, andere fanden nicht statt, weil die Künstler im Stau steckten oder erst gar nicht anreisten. Als wäre das nicht genug Sand im Getriebe, sorgten 180 Rocker der *Bloody Devils* aus Hamburg für einen Ansturm der anderen Art. Vermutlich aufgrund von Drohungen machten die Ver-anstalter auch noch den Bock zum Gärtner beziehungsweise die Ro-cker zu Ordnern, was sich nicht gut anließ. Der Karren saß im Dreck, doch man zog die Veranstaltung durch, und alle warteten auf den Höhepunkt der Veranstaltung, den Auftritt von Jimi Hendrix, der zu allem Unglück von Samstag auf Sonntagmittag verschoben werden musste. Der Gitarrist brachte sein Programm ohne bemerkenswerte Inspiration über die Bühne und verließ im Anschluss sofort das Ge-lände.

Denkwürdig war das Festival letztlich doch, denn es war Jimi Hendrix' letzter Auftritt vor großem Publikum. Zwölf Tage danach verstarb er in London an einer Überdosis Schlaftabletten. Daran er-innert seit 1997 ein Gedenkstein, errichtet im Sand am Flügger Strand.

Der nahe gelegene Leuchtturm Flügge ist zur Besichtigung freigege-ben. Von oben genießt man einen schönen Ausblick über die Insel und den Fehmarnsund.

80

**Galileo-Wissenswelt
Fehmarn**
Mummendorfer Weg 11b
23769 Fehmarn
www.galileo-fehmarn.de

**Schmetterlingspark
Fehmarn**
Mummendorfer Weg 11b
23769 Fehmarn
04371 8893363
www.schmetterlingspark-
fehmarn.de

MIT ENTDECKERSPASS
Galileo-Wissenswelt

An der Tür begrüßt uns nicht etwa Butler James, sondern ein hungrig dreinguckender Dinosaurier und eine überdimensionale Ameise. Auch für die, die es nicht gruselig mögen, ist der Empfang riesig: Mit Seifenwasser am Eingang kann man riesige Seifenblasen vom Winde verwehen lassen.

Im Museum Naturkunde der Galileo-Wissenswelt erleben wir die Geschichte der Evolution im Zeitraffer. Angefangen bei Fossilien zum Staunen und Anfassen im Tunnel des Lebens geht es weiter zu den Giganten der Urzeit, den Dinosauriern. Viele Modelle und Skelette unterschiedlicher Arten erwarten uns. Ein echtes Skelett eines pflanzenfressenden Hypacrosaurus gehört zu den Exponaten. In der Eiszeit erschrecken wir uns vor der Größe eines Höhlenbären. Sein Geripp, das aus Knochen mehrerer Tiere zusammengesetzt ist, überragt uns um einiges. Das Mammutskelett stammt ebenfalls von mehreren Vierbeinern. Die Knochen sind stolze 40.000 Jahre alt! Wie die Menschen damals die Mammuts jagten, zeigen uns Bilder und Modelle, und wir erfahren, welche Werkzeuge aus Stein sie verwendeten.

Bemerkenswert interessant finden wir die Mikrowelt-Abteilung. Präparate von Insekten machen uns die Vielfalt dieser Welt der Winzlinge deutlich, und anhand von riesigen Modellen können wir uns Skorpion, Kartoffelkäfer und Amöbe im Detail betrachten. Wie ähnlich manches ist und wie anders doch im Vergleich zu uns, wird in der letzten Abteilung deutlich, der Ausstellung zu Mensch und Medizin.

Als wir Ameise und Dino draußen vor dem Eingang wiederbegegnen, kommen sie uns gar nicht mehr gruselig vor. Mit unserem neu erworbenen Wissen schauen wir tiefer als lediglich auf die Oberfläche – nur das mit den Seifenblasen will nicht ganz klappen.

Gleich nebenan bietet der Schmetterlingspark Fehmarn eine große Freiflughalle mit Schildkröten, Vögeln und natürlich Schmetterlingen.

81

Niobe-Denkmal
Gammendorfer Strand
Parken: Campingplatz
Am Niobe
23769 Fehmarn

Nordfriedhof
Westring 481
24118 Kiel
0431 802106
www.kiel.de

AUF SEE GEBLIEBEN
Niobe-Denkmal

Vom Gammendorfer Strand blickt man hinaus auf den Fehmarnbelt, der täglich von vielen Schiffen passiert wird. Die Kreuzfahrer, Frachter, Segler kann man vom Ufer aus gut beobachten.

Zu diesem Zweck kamen 1932 auch die Kinder der Gammendorfer Schule an den Strand. Wilhelm Björnsen und seine Frau Getrud unterrichteten sie im Dorf. Sie bemühten sich sehr um ihre Schützlinge, veranstalteten viele gemeinsame Ausflüge, Weihnachtsfeiern und Fahrten aufs Festland. Am 26. Juli 1932 stand eine besondere Attraktion bevor: Die *Dornier Do X*, das damals mit Abstand größte Flugschiff der Welt, sollte den Belt passieren. Grund genug für Wilhelm Björnsen, seine Schüler auf eine Wanderung an die Küste mitzunehmen. Warm war es, und das Warten auf die *Do X* gestaltete sich angenehm. In einer Entfernung von wenigen Seemeilen segelte das imposante Schulschiff *Niobe* der Reichsmarine gen Osten, als plötzlich eine Gewitterbö die See aufpeitscht. Die *Niobe* wird von dem heftigen Windstoß auf die Seite gelegt und unter Wasser gedrückt. Innerhalb von vier Minuten ist sie nicht mehr zu sehen, vor den Augen der Schüler gesunken.

Wie konnte das sein? Wegen des schönen Wetters waren an Bord alle Bullaugen und Luken geöffnet. Das Schiff, das durch die von oben einfallende Bö sofort auf 50 Grad krängte, lief im Nu voll Wasser und kenterte. Nur 40 Seeleute konnten gerettet werden, 69 kamen ums Leben.

Für die Schüler war das zweifelsohne ein traumatisches Erlebnis. Ihr Lehrer stellte am selben Tag eine Rah des Wracks zum Gedenken am Strand auf. Ein Jahr später wurde offiziell ein Mast als Denkmal für die auf See Gebliebenen enthüllt. Dies ist ein Ort nicht nur zur Erinnerung an die Ertrunkenen, sondern auch zur Mahnung an die immer präsente Gefahr der See.

33 der ertrunkenen Seeleute wurden auf dem Kieler Nordfriedhof beigesetzt. An einem großen Steindenkmal ihnen zu Ehren kann man der Toten gedenken.

82

Plöner Bahnhof
Bahnhofstraße 14
24306 Plön

**Tourist-Information
Großer Plöner See**
Bahnhofstraße 5
24306 Plön
04522 50950
www.holsteinischeschweiz.
de/ploen

KAISERLICHE KRONE AUFGESETZT
Bahnhof

An der 1866 in Betrieb genommenen Bahnstrecke zwischen Kiel und Ascheberg entstand ein Bahnhof, klein und unscheinbar wie viele. Für die Plöner war er aber von großer Bedeutung, eröffnete er doch eine neue und schnelle Reisemöglichkeit hinaus in die Welt.

30 Jahre später schickte Kaiser Wilhelm II., der gerne nach Kiel fuhr, um dort an Bord seiner Yacht zu gehen, seine sechs Söhne auf die preußische Kadettenanstalt, die im Jahre 1868 im Plöner Schloss eingerichtet worden war. Natürlich war es unter der Würde des Hochadels, an der profanen Plöner Haltestelle auszusteigen. Kurzerhand baute man unterhalb des Schlosses den Prinzenbahnhof, der der royalen Familie vorbehalten war. Ihn zierte ein standesgemäßes Vordach mit vier eleganten Bögen aus Holz.

Fortan entstiegen die Prinzen hier dem Zug ebenso wie ihre Mutter, die Kaiserin Auguste Viktoria, wenn sie ihre Sprösslinge besuchte und ihnen auf die Finger und Schulhefte schaute. Doch alles geht vorbei, und so auch die Kaiserzeit in Plön. Nun war die schicke Station überflüssig geworden. Es wäre aber wirklich zu schade gewesen, das elegante Vordach zu Feuerholz zu verarbeiten. Allein wohin mit ihm? Doch da war ja noch die andere Haltestelle im Städtchen, die unscheinbare, die nach wie vor gebraucht wurde.

Auf diesem Weg kam dieser unauffällige Bahnhof zu seinem heutigen schmucken Aussehen. Steht man unter dem kaiserlichen Vordach, das am Bahnsteig wieder aufgebaut wurde, bietet sich über die beiden Gleise ein grandioser Blick auf den See hinaus. Ein schöneres Ambiente kann eine Haltestelle in der Provinz kaum bieten! Kein Wunder, dass er in Film und Fernsehen Berühmtheit erlangte, unter anderem im UFA-Filmklassiker *Immensee* von 1943. Klein kann eben fein sein.

Einen schönen Spaziergang bietet der Strandweg, der am Ufer des Großen Plöner Sees vom westlichen Ende der Eutiner Straße am Bahnhof vorbei bis zur Prinzeninsel führt.

83

Parnaßturm
Langenbusch 12
24306 Plön

MUSEN UND MUFFENSAUSEN
Parnaßturm

Bang schaue ich hinauf. Stahlträger, Stufen, sicherlich eine schöne Aussicht aus furchterregenden 20 Metern über dem Boden. Höhen an sich machen mir nichts aus, doch so richtig schwindelfrei bin ich nicht. Jedenfalls nicht, wenn es um Treppen geht, deren durchbrochene Wände die Sicht auf die Umgebung und deren Stufen den Blick zum fernen Fußboden freigeben. Das Panorama von oben würde ich trotzdem gerne genießen. Ich mache mich an den Aufstieg, Stufe um Stufe. Wenigstens zwei Absätze hoch, sage ich mir. Zwei, das schaffe ich wohl!

Über mir erhebt sich der Parnaßturm. Im Jahre 1888 wurde er errichtet. Seine Stahlträgerkonstruktion, die mir solche Furcht einflößt, galt damals als aufsehenerregende Architektur. Vermutlich übernahm man das Konzept vom Eiffelturm, dessen Bau ein Jahr zuvor begonnen hatte. Seinen Namen erhielt der Turm von dem Berg, auf dem er steht. Bereits im 18. Jahrhundert wurde dieser »Parnaß« genannt – vielleicht ein wenig hochtrabend, erhebt sich das Original doch in Griechenland hundertmal höher über dem Apollon-Heiligtum von Delphi.

Nun, so hoch hinauf wie auf das Pariser Vorbild oder den Namensvetter Parnaß muss ich zum Glück nicht. Und weil der Plöner Aussichtsturm über einen gemauerten Sockel verfügt, fühle ich mich sicherer als bei ähnlichen Stahlkonstruktionen, deren Stufen direkt am Erdboden beginnen. Dadurch wirken die Treppen weniger hoch. Ich arbeite mich von Absatz zu Absatz vor. Tatsächlich schaffe ich es auf diese Weise bis zur obersten Plattform. Belohnt werde ich mit einem Ausblick auf Schloss und Nikolaikirche. Dahinter erstrecken sich der Große und der Kleine Plöner See, Trammer See und Trentsee in der bewaldeten, hügeligen Landschaft. Wenn sich das nicht gelohnt hat!

In der Straße Appelwarder unterhalb des Parnaßturms stehen in vielen Vorgärten Rotdornbäume, die im Mai eine sehenswerte Blütenpracht zeigen.

84

Plöner Twieten
Altstadt
Rund um den Schloßberg
24306 Plön

**Initiative Schönes
Plön e.V.**
Prinzenstraße 18
24306 Plön am See
04522 749136
www.schoenes-ploen.de

GANZ SCHÖN STEIL
Twieten der Altstadt

Bekanntlich sind die »Berge« in Schleswig-Holstein nicht höher als die 167 Meter des Bungsbergs. Vielleicht hält mancher daher zu Recht die Verwendung dieses Wortes für hochtrabend und belächelt sie. Dass aber Erhebungen nicht nur hoch sein müssen, um sich der Bezeichnung würdig zu erweisen, zeigt sich in Plöns Altstadt.

Die steilen Gässchen rund um den Schlossberg lehren Radfahrer wie Fußgänger das Fürchten – Erstere vor allem bergauf, Letztere bergab –, erfordern sie doch einige Anstrengung und erweisen sich bei Nässe mit ihrem rutschigen Kopfsteinpflaster sogar als Stolperfalle. Fast will es scheinen, als sorgten die kleinen Gassen absichtlich dafür, dass Passanten nur langsam vorankommen. Denn auf diese Weise entgeht niemandem, wie malerisch sie sind, diese Sträßchen, die »Twieten« genannt werden. Schmale Gänge bilden sie zwischen den alten und den wenigen neuen Gebäuden, bieten Ausblicke den Berg hinauf oder hinab auf weitere Straßen. An ihrem unteren Ende erhascht man zwischen den Fassaden das Glitzern des Sees in der Sonne, insofern sie scheint. Die engen Twieten können, wie in Plön deutlich zu erkennen, nicht mit Wagen befahren werden. Ihre Namen spiegeln wiederum die örtlichen Gegebenheiten: So deuten die Schul- und die Rathaustwiete an, wo sie liegen, und die Bäckertwiete, wer einst ansässig war. Die Kaaktwiete warnt vor dem nahen »Kaak«, dem Schandpfahl der Stadt.

Hat man die Twieten erkundet und den Schlossberg schließlich erklommen, um das Panorama zu genießen, verraten einem die eigenen Beinmuskeln, dass auch Berge von geringer Höhe Respekt verdienen. Vielleicht lächelt man nicht mehr spöttisch, sondern zufrieden, weil man Schönes gesehen und sich nebenbei eine Stärkung verdient hat.

Dank der Initiative *Schönes Plön* wurden die Straßenschilder in Plön mit Infotafeln ergänzt. So erfährt man unter anderem den Sinn der plattdeutschen Straßennamen – ein Reiseführer frei Haus.

85

**Lindenallee in Schön-
böken**
24601 Ruhwinkel

Lindenallee in Rachut
23714 Malente

ICH GLAUB, ICH BIN IM WALD
Lindenallee in Schönböken

Immer wenn ich von Kiel in Richtung Lübeck fahre, sehe ich kurz vor der Abfahrt Bornhöved zur Rechten eine schnurgerade Linie, die von hohen Bäumen in die Landschaft gemalt wird. An diesem sonnigen Nachmittag habe ich Zeit und will mir das endlich einmal genauer ansehen. Also setze ich den Blinker und verlasse die Autobahn in Richtung Neumünster. Gleich an der ersten Einmündung auf der rechten Seite verkündet ein Schild den Straßennamen Lindenallee. Hier bin ich goldrichtig.

Die Bezeichnung könnte nicht treffender sein. Dicht an dicht stehen zu beiden Seiten der schmalen Fahrbahn Linden. Beeindruckt halte ich an. Warm leuchten die Stämme der Bäume im Spätnachmittagslicht, hoch strecken sie sich in den blauen Himmel. Am fernen Ende der Allee erkenne ich das Weiß eines Tores. Langsam rolle ich weiter, flankiert von den prächtigen Gewächsen. Schnurstracks fahre ich auf das Torhaus des Gutes Schönböken zu. Die Allee endet vor dem imposanten Backsteinbau, den ein Glockentürmchen mit lang gezogener Spitze ziert. Ich sehe auf meinen Tacho, denn ich habe die Strecke gemessen. Gute 1.200 Meter zeigt er an, zu Fuß bräuchte man locker zehn Minuten! Die grandiose Prachttrasse ließ der damalige Gutsbesitzer bereits 1856 anlegen. Kein Wunder, dass die Bäume heute bis zu 35 Meter hoch aufragen.

Nun will ich die Allee noch per pedes erkunden. Vor dem Wind geschützt entferne ich mich vom Gut und zähle dabei die Stämme. Irgendwo bei 200 komme ich durcheinander, weil ich immer wieder stehen bleibe und voller Bewunderung nach hinten und nach oben sehe. Auf dem Rückweg lasse ich das Zählen und widme mich ganz dem Eindruck, den die Allee hinterlässt. Dass sie aus 246 Bäumen besteht, schlage ich später nach. Und glaube das einfach mal.

Zusammen mit der Schönbökener Allee wurde die Lindenallee in Malente-Rachut 2010 vom Heimatbund Schleswig-Holstein zur »Schönen Allee« gekürt.

86

Antik-Hof Bissee
Eiderstraße 13
24582 Bissee
04322 2500
www.antikhof-bissee.de
www.skulptur-in-bissee.de

FÜR ALLE BEDÜRFNISSE
Antik-Hof Bissee

Alles unter einem Dach – das könnte das Motto des Antik-Hofs Bissee sein. Wobei das nicht ganz stimmt, denn genau genommen sind es mehrere Dächer, unter denen sich die verschiedenen Angebote präsentieren.

Die Vielfalt überrascht. Das Restaurant bringt Speisen der gehobenen Küche auf den Tisch. Die Zutaten kommen aus der Region, was sich ebenfalls auf der Karte widerspiegelt. Auf ihr stehen Malenter Maishähnchenbrust oder Wildbratwurst von der Fleischerei Einfeld aus dem nahe gelegenen Negenharrie an. Der Spargel stammt aus Preetz, Boksee ist die Heimat des leckeren Ziegenkäses. Die Gaumenfreuden genießt man im alten Kuhstall, der mit seinem gemütlichen Ambiente selbst bei Schietwetter Herz wie kalte Füße erwärmt. Ein prasselndes Feuer im großen Kamin leistet dazu einen nicht unwesentlichen Beitrag.

Gleich neben dem Restaurant streift man bei *Russ Einrichtungen* im ehemaligen Pferdestall durch eine Ausstellung dekorativer Möbel und Accessoires für die Innenausstattung, während wir im hübsch dekorierten Gartenhaus für das eigene grüne Paradies ausgesuchte Blumen erstehen können. Ein Hofladen sorgt zudem dafür, dass wir für einen gemütlichen Abend auf unserem Sofa regionale Produkte auch mitnehmen können. Honig, Käse und Wurst aus Schleswig-Holstein machen nur einen Teil des kulinarischen Angebots aus. Ergänzt wird es durch eine bunte Auswahl an erlesenen Weinen, allerdings nicht aus der Region.

Seit 1973 bewährt sich das Konzept der Gründerin Renate Stamer, einen alten Bauernhof mit einem derartig breiten, attraktiven Angebot zu beleben. Im Jahre 2017 übergab sie ihn an den heutigen Besitzer Arend Hesse, der die Anlage einer Verjüngungskur unterzog. Auch in Zukunft können wir in Bissee speisen und shoppen, nun unter neu gedeckten Reetdächern.

Alljährlich verwandelt Bissee sich in ein Freilichtmuseum der besonderen Art. Von Mai bis Oktober präsentieren sich in Vorgärten und auf Wiesen Kunstwerke verschiedener Bildhauer.

87

Kapelle Sophienhof
Plöner Landstraße 112
24211 Schellhorn

BAUSTIL DER BESONDEREN ART
Kapelle Sophienhof

Seit 2004 führt die Bundesstraße 76 auf ihrer Strecke von Kiel nach Plön in einem weiten Bogen um die kleine Stadt Preetz und das Dorf Schellhorn herum. Dadurch verpasst der eilig Reisende ein bemerkenswertes Gebäude, an dem man auf der alten Trasse noch direkt vorbeifuhr: die Kapelle Sophienhof.

Ihre gelben Backsteinwände und das graublaue Dach sind ungewöhnlich. Noch eigentümlicher ist allerdings ihre Form mit den Rundungen und dem zwiebelförmigen Dach des Glockentürmchens, das den Chor nach oben hin abschließt. An eine russische Kirche erinnert die Kapelle, und das war auch die Absicht von Ludwig Nikolaus Johanssen, der sie erbauen ließ.

Die Lübecker Kaufmannsfamilie Johanssen hatte Mitte des 19. Jahrhunderts das Gut Sophienhof erstanden. Ludwig Nikolaus unterhielt Handelsbeziehungen ins Baltikum und hatte dort den Baustil der russisch-orthodoxen Kirchen kennengelernt, der ihm ausnehmend gut gefiel. So gut, dass er ihn für die Kapelle auf seinem Anwesen adaptierte. Im Jahr 1873 ließ er von Heinrich Carl Scheel, einem gebürtigen Hamburger, der an der Akademie der Künste in St. Petersburg studiert hatte, das Gebäude im byzantinischen Stil errichten. Mit dem Gotteshaus wollte Johanssen den Bewohnern des Gutes ebenso wie den Menschen der Umgebung die lange Strecke zum Gottesdienst nach Preetz oder Lebrade ersparen. Auch Passanten waren willkommen, wie die Inschrift »Dem Wanderer zur Einkehr« über dem mittleren Rundbogen des Eingangsportals verkündet.

Zwischen Bäumen und Büschen ein wenig versteckt, springt das bemerkenswerte Kirchlein mit seinen Buntglasfenstern Vorüberfahrenden erst im letzten Moment ins Auge. Zumindest denen, die sich die Zeit und die alte Strecke über die B76 nehmen.

An der Kapelle steht eine alte knorrige Buche. Ihre faszinierende Form fällt vor allem in der blätterlosen Jahreszeit auf.

88

**Holzschuhmacherei
Lorenz Hamann**
Wakendorfer Straße 17
24211 Preetz
04342 81217
www.preetzer-
holzschuhe.de

Holzpantoffel XXL
Ecke Garnkorb/
Mühlenstraße
24211 Preetz

PANTOFFEL-HELD
Holzschuhmacherei Lorenz Hamann

Die »Schusterstadt« wird Preetz genannt und macht damit Werbung: Einen schönen Tagesausflug bietet die ausgewiesene *Schusteracht*, ein 74 Kilometer langer Rad-, Wander- und Reitweg um die kleine Gemeinde herum. Aber wie ist es in Preetz mit dem Schuhmacherhandwerk in Wirklichkeit bestellt? Schuster sind tatsächlich noch ansässig, doch dies ist auch andernorts der Fall. In Preetz dagegen lebt ein besonderer, der Holzschuhmacher Lorenz Hamann, einer der letzten seiner Zunft nicht nur in Schleswig-Holstein, sondern in Deutschland.

Die Werkstatt öffnete bereits 1846 ihre Tore. Bei einem Besuch kann man neben den Gerätschaften hölzerne Pantoffeln bestaunen, wie sie jahrhundertelang hergestellt wurden: für jeden Zweck das richtige Schuhwerk. Wenn der Fischer im brodelnden Meer seine Netze einzog, konnte er sich auf seine Schuhe verlassen. Sie gaben sicheren Halt durch den »Knaggen«, einem Steg unter der Sohle, der quer zum Fuß verläuft – damit konnte sich der Seemann bei seiner schweren Arbeit an der Bordwand abstützen und kam nicht ins Rutschen. Auch der Schmied dankte dem Schuster Sicherheit. Wenn die Funken unter dem Hammer flogen, steckten seine Füße geschützt unter einer weit hochgezogenen ledernen Kappe im Pantoffel.

Heute stellt Lorenz Hamann neben Pantoffeln Schuhe, Sandalen und Stiefel aus Holz her. Gerne empfängt er interessierte Gäste in seiner Werkstatt, die sich seit den Anfängen des Betriebs nur wenig verändert hat, und erklärt die Modelle und ihre Besonderheiten. Dabei führt er seinen Besucher gerne mal augenzwinkernd ein wenig an der Nase herum. Man hört ihm fasziniert zu, wie er begeistert und begeisternd über sein Handwerk spricht. Was so ein Holzschuh hergibt, ist wirklich erstaunlich!

Am Garnkorb stellt die Schusterstadt Preetz den *Holzpantoffel XXL* aus. Natürlich hat Lorenz Hamann an diesem Stück der Größe 459 mitgearbeitet.

Timmendorfer Strand

DIE NEUEN

Lieblings-plätze

ISBN 978-3-8392-2628-5

ISBN 978-3-8392-2614-8

ISBN 978-3-8392-2615-5

ISBN 978-3-8392-2621-6

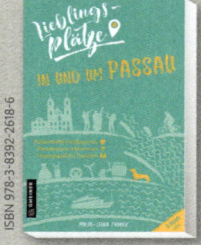

ISBN 978-3-8392-2618-6

ISBN 978-3-8392-2623-0

ISBN 978-3-8392-2630-8

ISBN 978-3-8392-2627-8

ISBN 978-3-8392-2632-2

ISBN 978-3-8392-2617-9

ISBN 978-3-8392-2619-3

ISBN 978-3-8392-2633-9

ISBN 978-3-8392-2070-6

ISBN 978-3-8392-2405-2

ISBN 978-3-8392-2611-7

ISBN 978-3-8392-2631-5

ISBN 978-3-8392-2612-4

ISBN 978-3-8392-2629-2

ISBN 978-3-8392-2624-7

ISBN 978-3-8392-2625-4

ISBN 978-3-8392-2633-9

ISBN 978-3-8392-2622-3

ISBN 978-3-8392-2634-6

ISBN 978-3-8392-2545-5

ISBN 978-3-8392-2222-5

ISBN 978-3-8392-2616-2

KRIMIS AUS DER REGION

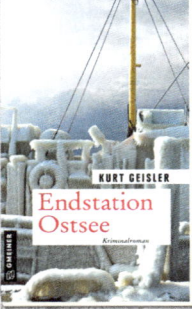

Geisler,
**Endstation
Ostsee**
978-3-8392-2710-7

Gregg/Schenke,
Schwarze Roben
978-3-8392-2336-9

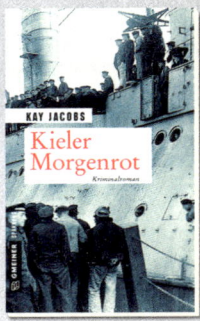

Jacobs,
Kieler Morgenrot
978-3-8392-2227-0

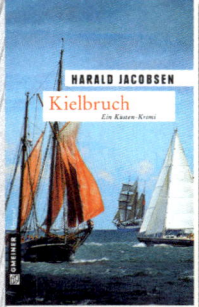

Jacobsen,
Kielbruch
978-3-8392-1598-2

Schulz,
**MS Mord –
Baltische Angst**
978-3-8392-2740-4

Wilkenloh,
Hätschelkind
978-3-8392-2920-0

GMEINER SPANNUNG

WWW.GMEINER-VERLAG.D
Wir machen's spannend